따뜻한 소실점

이애현 수필집

따뜻한 소실점

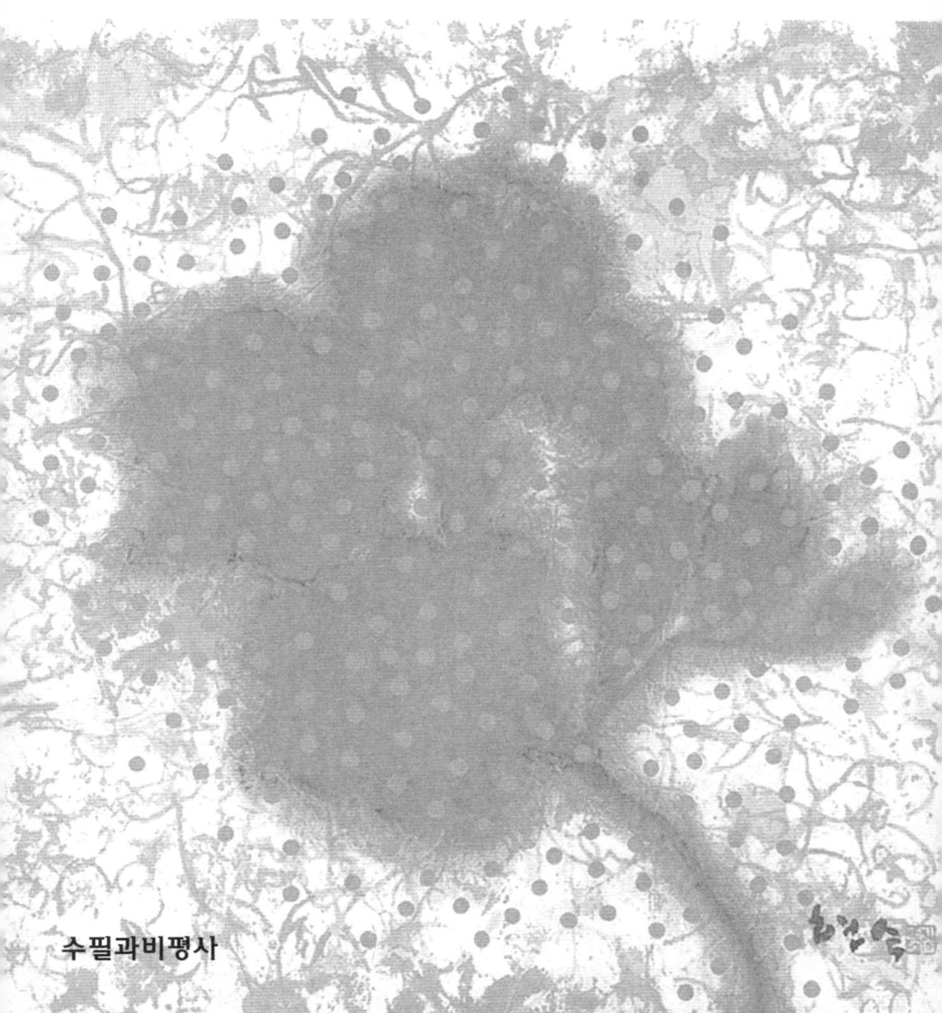

수필과비평사

작가의 말

꽃이 핀다.

겨울이 엷어지던 어느 날, 사려니숲길 새왓내 근처에 노란 복수초가 피었다.

반듯한 이파리 하나 준비하지 못한 채 갈기갈기 찢기듯 산발한 이파리들을 딛고 피어난 샛노란 꽃잎이 당차다. 아직은 음지쪽 한 모퉁이엔 잔설이 엉겨 있는데, 대충 쌓아 올린 야트막한 울담 너머로 매화꽃 망울이 속살을 드러내고 있다.

이쁜이랴. 아침저녁으로 지나쳤던, 볕 잘 드는 양지 틈 청초한 수선화와도 그냥 눈인사를 했다. 이렇게 온 봄은 연이어 목련을 피워 내고 벚꽃과 유채꽃을 흐드러지게 피우더니 절정에 이르러선 고사리 장마를 불러 낸다. 뿌연 안개를 앞세우며 고사리 장마라는 이름으로 뿌리던 비는 이내 멈추고 이곳저곳에 물웅덩이를 만든다.

단발머리 시절, 나에게 이런 물웅덩이는 좋은 놀이공간이었다. 잘 다져진 마당 한 모퉁이로 고였던 흙탕물이 가라앉아 맑아질 무렵, 가장자리께 쪼그려 앉아 손바닥으로 가볍게 찰방찰방 두드려 보았다. 찰방거림에 따라 물무늬들은 꿈틀거리듯 반대쪽으로 펴지며 이어졌다. 이내 그것은 멋 내느라 하이얀 교복을 더 희게 만들고 싶어 마지막 헹굼물에 떨어뜨린 잉크 한 방울의 소리 없는 번짐이듯, 뭉게구름 하얗게 피어나며 한라산을 넘던 모습과는 또 다른 은근한 생명력이 있었었다.

조금씩 퍼져 가던 흙물이, 웅덩이 하나 가득 채워지던 날이면 오금을 펴고 일어나 발로 물을 튕기기 시작했다. 참방대는 강도와 속도에 따라 물은 이어 더 진한 흙탕물이 되고, 그렇게 한참을 보노라니 웅덩이 안으로 뿌연 부유물들이 가라앉으며 수면은 이내 맑은 스크린이 된다. 물방울을 튕기는 자리마다 간간이 물무늬가 반짝, 명멸하더니 잔물결 위로 생각은 끝이 없고, 그 길 따라 마침내 이야기가 되었다.

반복되는 동작 속에서 변화하는 물무늬 따라 놀이에 점

점 몰입되어 갔다. 내 머릿속은 서서히 비워지더니 숙제도, 어머니의 심부름도 잊어 누군가 부르지 않으면 헤어나지 못할 만큼 깊숙하게 빠져들었던 기억이 있다. 제법 철이 들고 난 후, 그것은 아무리 노력해도 다시 얻을 수 없는 소중한 시간으로 자리해 있었다.

단순한 반복의 연속인 것들이 일상에서 글을 쓰게 한다. 글을 쓴다는 것은 내 안에 있는 또 다른 나와의 대화다. '말이나 글이 내 안에 있을 때는 나의 통제를 받지만, 내 몸을 통하여 해체되었을 때 그것들에 의해 내가 통제 받게 된다.'는 글을 읽은 기억이 있다. 오래도록 기억된 이 말이 문득, 비수처럼 예리하게 내밀함 속으로 들어온다.

엮어서 낸다.

꽃이 핀 자리. 오늘 내 스스로에게 당당하고 싶다.

비 내리는 초여름에

이애현

이애현 수필집

따뜻한 소실점

| 차례 |

:• 작가의 말 … 5

1부 감정, 스캔하다

1. 외롭다는 것 … 15
2. 이어도로 보낸 편지 … 21
3. 육아일기 들추기 … 27
4. 참 곱다 … 33
5. 거울 … 38
6. 습관 … 44
7. 감정, 스캔하다 … 49
8. 소금꽃 … 51
9. 소원 … 56

2부 시간 속으로

1. 그 끝은 어디입니까 ··· 63
2. 시간 속으로 ··· 68
3. 고등어와 어머니 ··· 74
4. 고사리 꺾던 날 ··· 79
5. 궤櫃 ··· 84
6. 낭패 ··· 89
7. 내 나이가 어때서 ··· 94
8. 네 잎 클로버 ··· 98
9. 여름, 그 꽃자리 ··· 103

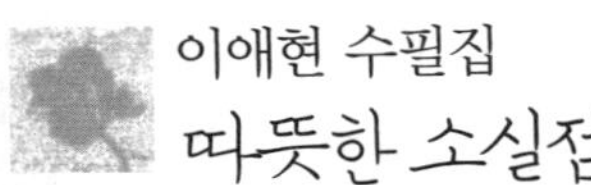

3부 그 길 위에서

1. 여정, 그 첫 날 … 111
2. 표절 … 116
3. 바닷가의 ‘알작지’ … 118
4. 만 개의 레시피 … 124
5. 그 길 위에서 … 130
6. 따뜻한 소실점 … 136
7. 열쇠 찾기 … 139
8. 하프문베타의 반란 … 144
9. 항아리 … 150
10. 뜨락에 내린 햇살 … 155

4부 원본대조필

1. 우도, 섬의 유혹 … 163
2. 만수滿水의 사라악 … 172
3. 배낭 속의 우진제비오름 … 177
4. 사진 한 장 … 183
5. 반지 … 188
6. 원본대조필 … 194
7. 만 원의 행복 … 199
8. 봄날은 간다 … 202
9. 무장해제 … 208

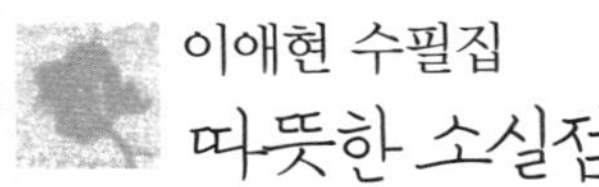

5부 건강하십니까

1. 시간 여행 … 213
2. 아버지와 석류나무 … 218
3. 건강하십니까 … 223
4. 정情 … 228
5. 선생님, 우리 선생님 … 233
6. 압화, 눌림의 소리 … 239
7. 햇살 좋은 날 … 245
8. 할머니의 노래 … 250
9. 어느 봄날 … 254

▌발문: 김길웅 (수필가 · 문학평론가) … 260
목마름을 축이며 벌판을 걸어가는 맨발

감정,
스캔하다
1부

외롭다는 것

계절을 재촉하는 가을비 추적대는 오후, 화장대 앞에 섰다가 추워서 내내 문을 닫고 있었던 터라 방 안 공기를 순환시킬 요량으로 베란다 문을 활짝 열었다. 순간 기다렸다는 듯 싸하니 찬 공기가 밀려온다. 베란다 앞 키 큰 감나무가 열린 문 사이로 화장대 거울 안으로 들어왔다.

손바닥보다 더 큰 잎들이 맥을 잃고 수북이 쌓인 낙엽 위로 사그락사그락 소리 내며 맥없이 진다. 사력을 다해 가늘게 바둥거리던 이파리를 떨군, 휑한 나무 위로 선홍빛 열매 서너 개가 힘겹게 걸려 있다. 엉성해진 나뭇가지에 더욱 도드라지듯 선명한 열매가 계절 위로 무게를 지탱하고 있는 양이 조마조마하니 외롭다.

서둘렀다. 같이 근무하다 다른 곳으로 옮긴, 전 직장 동료와 저녁을 같이하기로 약속해 놓아 바삐 움직였다. 언제 봐도 반갑고 좋다. 주문한 음식이 나오자 정신없이 비우고 나니, 이어 나오는 음식 앞에 적당한 포만감 때문인지 오가는 말도 여유롭고 느긋하다.

동질감에서 오는 이 편안함. 하는 일이 비슷하다 보니 서로 공감하는 것도 많고 비교되는 것도 많아 맞장구쳐 가며 나누는 이야기는 더없이 즐겁다. 얼굴만 알 정도인 그곳 상사 이야기도 화제에 오른다 .

복지는 행복한 삶을 위한 사회적 약자와의 연결고리다. 일하다 보면 고맙다는 표현을 눈으로 귀로 듣는 일이 많다. 때로는 내가 주는 것도 아니고 중간 역할을 하는 것인데도 고맙다고 생각해 주는 마음에 되레 미안해질 때가 종종 있다. 반면, 으레 그런 것이라 여겨선지 늘 받으려고만 하고 누리려고만 하는 이들과도 마주하게 된다. 어쩌면 자기 것을 맡겼다 찾아가는 것보다 더 당당하다.

애써 추스르며 다잡아 놓은 마음도 하는 일이 사람과의 관계이다 보니, 내 것을 주는 것이 아닌데 얄미운 생각이 들어 내밀던 손을 거두고 싶을 때도 없지 않다. 반면 내 것을 주는 것이 아니라서 미안하고 그 숙이는 고개에 더없이 몸 둘 바를 모를 때도 있다. 나도 어쩔 수 없이 감정을 가진 한 평범한 사람이기 때문이다.

근무하면서 겪은 일에 대하여 이야기하는 사이 서로는 크게 공감도 하고 그 뒷말에 열도 올린다. 동료는 확 집어치우고 싶던 마음이 가라앉긴 했는데 뭔가 깔끔하지 않다며 엊그제 노인시설인 일터에서 있었던 이야기를 한다. 약자와의 관계에서 늘 감정적 손해를 봐야 할 것만 같고, 내가 옳더라도 삶의 끝자락에 서 있는 어른과 감정적 줄다리기는 해봐야 나만 손해라는 것도 이미 체득하여 익히 알고 있던 터다. 내 목소리의 크기에 따라 거의 모든 일이 결정되는 가정이라는 보호막에서야 문제될 게 없지만, 공동체 생활이라는 낯선 환경에서 이런저런 소소한 일들을 받아들이며 인정한다는 것은 그리 녹록하지만은 않다. 또 여태껏 그렇게 살아왔노라 하며 지켜 온 삶을 환경이 바뀌었다 하여 새삼스레 쉬 바뀔 일도 아니다.

그날도 공동생활에서 지켜야 할 기본을 당신 편의 위주로 해석하고 왜곡하여 고집을 세우면서 빚어졌다고 한다.

많은 일이 그렇듯 발단은 아주 사소한 것에서부터 시작

됐다. 생활자가 '내가 아끼는 제일 좋은 스웨터가 없어졌다.'고 소리 지르며 한 방에 같이 사는 생활자를 지목하며 '저 노인네가 가져갔다.'고 손가락질하는 바람에 싸움이 벌어진 것이다.

입소 시 갖고 온 물품 목록을 보았더니 가져온 것이 틀림없어 찾아보겠다고 거듭 설명을 했으나 그 생활자는 막무가내였다. '분명 저 노인네가 가져갔다.'고 마치 두 눈으로 본 듯이 주장하기 시작했다. 아니라고, 그럴 리가 없다고 설명하는 직원을 보며 '직원과 짜고 가져간 것'이라 한술 더 떠 단정하듯 도둑으로 몰아세운 것이다. 아무리 그게 아니라고 설명해도 그 어르신은 당신이 가진 휴대폰으로 자녀를 불러들였다. 상대 어르신도 억울하다며 아들한테 전화해서 오라 하겠다며 버럭 부아를 냈다. 생활자와의 관계는 급기야 연고자로 비화하였다.

아직은 사회적 정서나 분위기로 부모님을 모시지 못하여 시설에 입소시킨 자식된 입장에선 옳고 그름을 따지기 전에 죄스러움이 앞서는 것은 당연하다. 내 부모님이 주장하는 것이 사실이 아님을 알면서도 모두 옳은 것처럼 생각되고 더하여 불효라는 생각으로 옮겨지는 것이 당연한지도 모른다. 같은 방 생활자가 가져간 것이 아니라고 설명한 것이 당신 편을 안 들어 주었다고 섭섭했던지 불똥은 엉뚱한 곳으로 튀었다. 문제의 상대인 사람과도 한방에 같이 못 살겠고, 아까 그 직원 얼굴도 보고 싶지 않으니 알아서 책임지라고 서로 큰 소리가 오갔단다.

팽팽하게 당겨진 시위처럼 금방이라도 튕겨 나갈 것 같은 신경전은 쉬 가라앉을 기미가 안 보였다. 며칠간의 소란스러웠던 그 일을 마무리하며 "어르신도 우리가 보살펴야 할 책임이 있고 직원도 보호해야 할 책임이 있다. 그러나 어쩔 수 없는 선택을 해야 한다면 직원을 지키고 싶다."라고 죄송하다는 말과 함께 윗선에서 입장을 정리했단다. 그렇게 일정 부분 상황은 진정되었으나 상했던 마음은 감정 노동자임을 확인만 한 채 쉬 삭이질 못하더란다. 그 후 어르신 사물함에서 옷걸이 하나에 세 벌의 옷을 걸어 놓아 앞과 뒤만 보고 가운데 끼여 있는 것을 그제야 확인했다.

일 같지도 않은 일로 오해가 풀리긴 하였으나 닫혀 버린 마음은 영영 외롭다 한다. 이야기를 듣고 나니 좋은 이와 마주한 시간은 충만한데 마음은 허허롭다. 맛난 음식에 더는 못 먹을 것 같은 포만감 위로 채워지지 않는 이 공허는 또 무엇일까.

갑갑한 마음에 창문을 활짝 열었다. 찬 공기가 앞다투더니 '툭' 소리와 함께 퇴색해 가는 계절 속으로 감 하나가 맥없이 떨어졌다. 떨어진 자리엔 친구의 삭여 내지 못한 감정처럼 낙엽진 축축한 색감 위로 선홍빛이 낭자하다.

사람이 없어 외로운 것이 아니라, 소통의 부재 때문에 외로운 것은 아닐까.

이어도로 보낸 편지

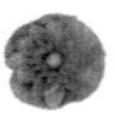

그러고 보니 참 오래되었습니다. '영혼이 맑은 사람'이라고 소개 받고 우리는 처음 얼굴을 대하였지요. 심상찮은 소개에 어떤 이를 '영혼이 맑다.'고 표현하나 싶어 반은 낯섦과 반은 의구심으로 대충 눈인사를 나누곤 저녁 밥상에 둘러앉아 저녁을 먹었지요. 훤칠하게 큰 키에 꽁지머리더군요. 그때의 정서로 남자가 갖는 외모로는 생경했지요. 후로 애들 아빠가 선생님을 지칭할 때 처음의 소개와는 다르게 '꽁지머리 김 선생'이라 말하면 나는 으레 '아, 그 꽁지머리?' 하며 때론 선생님이란 존칭마저 빼었다 붙였다 하며 선생님과의 관계는 시작되었더랍니다.

나고 자라며 숨 쉬는 곳이 한정되었던 탓에 눈앞에 펼쳐지는 자연 풍광들도 철철이 바뀌고, 계절이 바뀌는 과정의 아름다움을 빼 버린다면 나의 일상적인 풍경은 그냥 무덤

덤함이었습니다. 선생님은 늘 그것들의 아름다움을 말로, 글로, 사진이란 매체를 통하여 자연과 같이 호흡을 맞추더군요.

외지인이면서도 제주를 더 잘 알고, 더 깊이 느끼고, 더 애착을 가졌지요. 송당목장을 돌아 비자림을 지나고, 임화백님의 스케치를 도와 '용눈이오름'을 향하던 날이었지요. 개발과 문명이라는 미명과 이기에 눌려 훼손되어 가는 야산이며, 들녘에 송전탑이 세워지는 모습을 보고 현지인인 우리보다 더 안타까운 마음으로 많이 속상해 하셨습니다. 마치 지켜내야 할 큰 책무라도 유기한 것처럼.

꽁지머리란 말은 빼고 이제부터 그냥 '선생님'이라 부르겠습니다.

선생님!

행여 그곳에서도 '영혼을 파느니 차라리 배를 곯겠다.' 시며 허기를 달래시고 계시는 것은 아닌지요? 엊그젠 도청에 갈 일이 있어 일을 마치고, 같이 이야기 나누었던 그 언저리쯤의 로비에 잠시 앉아 보았습니다. 선생님이 전시회를 가졌던 그때의 공간과는 많이 달라져 있더군요. 많은 이들은 선생님이 떠나신 후 영혼이 깃든 그 작품을 이야기하고, 또 작품 속에 스며든 삶을 이야기합니다. 고스란히 녹아든, 아니 죽음과도 기꺼이 맞바꾼 그 깊이를 말입니다.

갤러리 공사가 한창일 때 서쪽 끝 교실이었지요? 철제 계단을 지붕과 연결하여 옥상으로 이었었지요. 말이 계단이지 살짝 몸을 기우뚱거리거나 잠시 눈을 떼면 금방이라도 아래로 떨어질 것처럼 위험해 누군가 오르는 걸 도와주지 않으면 못 올라갈 그곳을 극구 팔을 당겨 올라가게 했습니다. 그리고는 그곳에서 아는 이들을 초청하여 작은 음악회를 갖고 싶다고 하셨지요. 무슨 이야기를 하면 번번이 '하지 말라'고만 하다가 그 의견에는 '아, 그거 좋겠다.'며 맞장구를 쳤더니 많이 좋아하셨는데 끝내 그 소망은 허망한 꿈이 되었군요.

병세가 짙어지면서 몸의 균형 감각이 흐트러지고, 말하는 기능도, 씹는 기능도 현저히 떨어질 무렵이었습니다. 그 추운 날씨에도 선생님은 갤러리 앞마당에 쪼그려 앉아 돌멩이들을 거두어 내고 있었지요. 울컥하는 마음에 누군가에게 했던 이야기를 고스란히 토씨 하나 빼지 않고 나는 말했지요. '이 세상은 나 없다고 달라질 것 하나 없지만, 내가 없는 이 세상은 또 무슨 의미가 있겠느냐?'고 발악하듯

한 그 말에 또 선생님답게 응수하시더군요. "내가 할 수 있는 건 이것뿐이고, 이것 외에는 생각해 본 게 없어서 이러다 죽더라도 미련은 없다."라고 하셨지요.

긴 침묵이 흘렀고 한참 후 바람이라도 세게 불면 꺾일 것 같은 몸으로 손 털고 안으로 들어오시더군요. 이어 '점심이나 사 주고 가라.'고 하셨지요. 오조리로 가서 전복죽을 시켰는데 그 숟가락을 입까지 가져가는 것도 힘겨워하셨습니다. 손에 쥔 숟가락에 놓인 죽의 양은 뜰 때의 절반이 되고, 떨리는 입 안에서 도로 흘려 또 그 절반이 되는 모습을 보며 말하였지요. '그렇게 힘들어서 어떻게 할 거냐?'고 말입니다. 그 말에 이어 선생님과 눈이 마주쳤을 때, 그래 알았습니다. 선생님 눈에 눈물이 고여 있었음을요. 그 얄밉도록 강인한 가슴에도 눈물이 맺힐 수 있음을 말입니다.

선생님!

감자꽃이 농부가 올려놓아 준 이랑을 희롱하며 하얗게 꽃무더기를 이루고 있습니다. 도라지의 자색과 흰색 꽃이 흐드러지게 피어 녹색 잎과 어우러질 즈음이 되면 선생님은 여전히 자연에 탐닉하며 선생님 말씀처럼 또 그 고움을 훔치고 있을까요?

무리져 우는 바람 소리에 귀로 듣는 것으로는 성에 안 차 또 그 소리의 흔적을 찾아 대지 위를 헤매고 있을까요? 행여 그리하고 있거든 영의 충만을 위하여 육체를 소진시켜 보았으니 이제 그곳에선 거꾸로 그 무엇을 위하여 영혼이면 어떻고, 자존감이면 어떻습니까. 그것 좀 내어 주며 편안해졌으면 좋겠습니다.

거실 문 앞에는 해 지난 달력이 걸려 있습니다. 이미 달력으로서의 기능을 상실한 지 오래지요. 매달 걷어 다시 걸어 놓으면서 진녹색 보리 이삭이 팬 곳에선 바람이 놀다간 자리도 손으로 만질 듯 느끼고, 만개한 억세꽃 사이로 벌겋게 노을이 줄달음치는 영상 속에선 시간을 같이 쫓기도 합니다. 달력의 미지막 장에선 눈 덮인 어느 오름을 보면서 기온을 짐작하여 재어 봅니다. 그 한순간을 찍기 위해 초점을 맞추며 셔터 누를 준비하는 시린 손의 온도도 덩달아 재어 봅니다.

이제 많은 이들이 선생님의 유작들을 보며 가슴 뜨거운 그 열정의 뒤안길을 찾고 있습니다. 원하시건 아니건 선생님의 말씀처럼 그 또한 남은 자의 몫일 터입니다.

다시 마주하지 못할 시간과 남은 정, 그들과 함께 선생님을 추억하겠습니다. 선생님이 그리고 소망하던 그곳, 이어도에서 편안히 영면하소서.

육아일기 들추기

1.

어려서 발음마저 혀 짧은 소리를 내던 서너 살 아이. 고사리 같은 손은 추위에 벌겋고, 코는 훌쩍여도 좋아라 온 몸이 시리도록 놀다 들어온다. 눈 오는 날은 강아지와 아이들이 더 좋아한다더니, 현관에서 벗는 신발이 허공에 떠 절로 제 키보다 높이 뛰다 차가운 바닥에 뒤집혀 엎어진다.

콩콩 대청에서 발 딛는 소리. 아이보다 먼저 방으로 들어와, 추위에 시려 빨개진 아이를 보며 얼른 모로 안아 이불을 덮어 안는다. 이불 속의 내 손은 아이의 차가운 손과 발을 쉼 없이 꼭꼭 쥐며 추위를 덜어내고 있다. 아이는 눈

속에 묻혀 노느라 신이 났던지 좋아서 발그레 웃는다.

이불 밖으로 빼꼼히 내민 얼굴이 내 눈 속으로 들어왔다. 품에 안긴 채 가만히 바라보는데 "엄마 눈 속에 내가 있어. 여기도, 여기도!" 두 눈을 가리키는 아이의 앙증맞은 손가락을 나도 몰래 살짝 깨물었다. 까르르 웃음소리가 곱다. "우리 아기 눈에도 엄마가 있네!" 내 눈 안으로 아이의 세상도 따라 들어와 앉았다.

격자무늬 창살 밖에서 내리던 함박눈. 조용한 날갯짓 속에 '엄마' 하고 부르는 소리, 앙상한 가지 끝에 매달렸다가 폴폴 날리며 내려앉더니 이내 땅속 깊이로 잦아든다.

2.

이유식을 떼고 막 밥을 먹기 시작한 무렵이다. 성장통처럼 한동안 변비로 고생하는 애를 보며 육아 경험이 없던 터라 애보다 엄마인 내가 더 속이 탔다. 배변이 힘들어 우는 애를 지켜보는 마음은 대신할 수만 있다면 하는 안타까움이 크게 마음속에 웅크렸다.

잡곡이며 야채를 섞거나, 갈아 먹여 보기도 하며 배변에 온 신경을 썼다. 안 먹겠다고 폴짝폴짝 뛰는 애를 향해 밥그릇을 들고 무릎걸음으로 쫓아다녔다. 안 먹겠다는 애와 한 입이라도 더 먹이려던 겨루기는 울리고 울고 늘 팽팽했다.

그날도 변비 예방 차 보리쌀과 쌀을 반씩 섞어 부러 반지기밥을 지었다. 한 수저라도 더 먹일 요량으로 우는 애를 달래가며 어렵게 한 입을 먹였다. 안 먹겠다고 울며 떼쓰다 밥그릇을 보더니 갑자기 울음을 멈췄다. 이어 혀 짧은 소리로 물었다.

"엄마, 그런데, 왜 이 밥에는 다 '1'이라고 쓰여 있어?"

엉뚱한 질문에 밥그릇을 내려다보았다. 섞인 보리밥에 그어진 선이 숫자 1로 보인 것은 나도 그때 처음이다.

3.

커피 마시기를 즐겨 시간만 나면 보약이라도 되는 양 커피를 끼고 살았다. 아이를 재우면서도, 같이 놀아 줄 때도, 빨래를 정리할 때도, 밥을 하면서도 시간에 쫓기는 일만 아니면 습관처럼 마셨다. 심지어 친정어머니는 둘째를 낳고

산후 조리를 하는데, '커피를 많이 마시더니 아기도 검게 낳았다.'고 할 정도였다.

애들은 무엇이든지 엄마가 하는 것은 따라하고 싶은가 보다. 커피를 마시겠다고 떼쓰는 바람에 마음 편히 마실 수가 없었다. 말을 익혀 발언권을 얻은 아이는 엄마는 마시면서 저는 안 준다며 대놓고 요구했다. 애들이 먹으면 머리가 나빠져서 안 된다고 반복적으로 말을 했더니 수긍하는 듯했다.

어느 날 아는 분이 땅콩 농사를 했다며 보내 왔다. 껍질을 벗겨 살짝 절굿공이로 찧어 아이한테 먹이는데 익숙지 않은 맛이라 그런지 잘 먹질 않았다. 애써 먹으라고 반복하자 왜 먹어야 하는지를 물었다. 땅콩을 먹으면 머리가 좋아진다고 먹일 욕심에 얼른 둘러댔다. 다음 날 커피를 마시다 남겨두었더니 아이가 그것을 홀짝거리며 맛있게 먹고 있었다. 먹으면 안 된다고 야단하자 울며 대답한다.

"커피 마시고 이따가 땅콩 먹으려 했는데…."

올가미를 쳐 놓는 일도, 그것에 발이 걸려 넘어진 것도 아이가 아닌 나였다.

4.

큰애와 작은애는 세 살 터울이다. 세탁기도 없고 지금처럼 종이 기저귀도 없던 시절에 기저귀며 빨랫감은 말리고 정리하는 것이 이만저만 큰일이 아니다. 아이가 자는 틈을 타 빨래며 집안일을 해야 했다. 그 즈음 전래동화며 세계동화에 맛들인 큰애는 늘 책을 읽어 달라고 쫓아다니며 졸라대어 내 몸을 쪼개도 모자랄 판이었다. 입막음용으로 책 서너 권을 읽어 준 후 동생이 깨면 애기구덕(요람)을 흔들고, 엄마를 부르라 시켜 놓고 바깥에 있는 수돗가로 향하는 것이 일상이었다.

그날도 비슷한 하루였다. 반복하여 책을 읽어 주다 보니 내용을 아는지 재미를 붙여 바쁜데도 한사코 책만 읽어 달라고 여간 성가시게 구는 게 아니었다. 어느 날, 동화를 읽으면서 아예 테이프에 녹음시킨 후 시작 버튼 누르는 것을 알려 주었다. 책 읽는 시간만 덜어도 한결 여유가 있었다. 집안일하며 틈틈이 방 안을 들여다봤더니 아이는 녹음해 놓은 문장에 맞게 책장을 넘기고 있었다.

그림을 보고 이야기책의 간단한 글자는 눈으로 익혔던지

몇 장을 거푸 넘긴다. 신기하고 기특하고 대견하고…. 내가 아는 좋은 말을 다 갖다 늘어놓는다 해도 그때의 감정을 어떻게 다 표현하랴! 하던 일을 마치고 방으로 들어왔다.

"착하네! 재미있게 잘 들었어?"

"응." 하고 짧게 답한 뒤 아이가 물어온다.

"그런데 엄마! 왜 공주들은 왕자하고만 결혼허멘?"

뜨악했다. 지금처럼 '수저론'이라는 신조어라도 있었으면 '금수저, 흙수저'에 대하여 어찌어찌 아는 대로 꿰어 엮을 수 있었을 텐데 말이다.

"우리 밖에 나가 자전거 탈까?"

내가 할 수 있는 대답은 그게 전부였다.

참 곱다

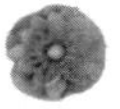

아들이 외출하려는지 거울 앞에 섰다. 이것저것 바르고 드라이어로 머리 만지느라 바쁘다. 물끄러미 쳐다보다가 한마디 거들었다.

"그 정도면 충분히 준수한데 뭘 그리 열심히 해?" 하고 묻자, 요즘 애들 다 준수한 걸 몰라서 그러냐는 듯 짧고 퉁명스러운 몇 마디 말이 오갔다. 준비는 덜 되고 나가긴 해야 할 시간이라 짜증이 났을까. 아이가 요즘은 외모도 스펙이라며 맞받고는 현관을 벗어났다. 나는 속으로 '외모도 스펙이고 말고….' 인정은 하나, 지나치다 싶은 아들의 행동에 대한 반감은 현관문 닫히는 소리를 듣고서야 그 잔영에서 벗어났다.

화장품이라 해봤자 로션이나 '구리무'라 부르던 것이 전부였던 1970년대, 거울 앞에서 외출하려고 머리며 옷매무새를 비춰 보는 딸을 보는 어머니도 그때 내 아들과 같은 행동에 대한 생각이었던지 '곱다' 했었다. 곱다는 말에 확 짜증을 내며 '어머니 딸이니까 곱지 아무도 곱다고 안 한다.'고 대답했다. 잘 당겨진 고무줄이면 튕겨 나가다 끊어질 것 같은 긴장감이 대화 마디마디에 엉겨붙어 있었다.

이렇게 소소한 일에도 인과응보라는 말이 적용되는지 갑자기 의아했다. 그 오래전 어머니에게 내가 곱게 말을 건넸으면 오늘 아들도 나에게로 향하는 말이 고왔을까 하는 생각이 퍼뜩 스쳤다.

소속된 모임에서 점심 후 찻잔을 앞에 두고 그 어간에 있었던 이야기를 누가 먼저랄 것도 없이 그냥저냥 이어 가고 있었다. 서너 살 위 내 옆에 앉은 언니는 이목구비가 또렷하고 곱다. 대도시 출신답게 잡티 하나 없는 뽀얀 피부가 더 그랬다.

유전적으로 고운 피부를 타고난 이들이 아니면, 바닷바람에 치댄 섬사람의 피부는 대체로 나처럼 까무잡잡하다. 내 피부의 잡티는 성형과 미용이라는 단어에서 벗어나 본디 그대로임을 확인이라도 시키듯 언니의 흰 피부와는 확연하게 비교되었다.

본인의 노력과 상관없음에도 자기 노력의 결과인 양 으스대듯 하는 고운 사람을 보면 부럽기도 하다가, 선택해서 태어나는 것도 아니고 화가 난다고 하는 친구가 있다. 고운 사람을 보고 있노라면 난 같이 고와지는 것 같은 착각이 들어 좋다고 말했다. 그 거짓말 참말이냐고 되물을 것 같은 긴장이 일다가 친구는 의식적으로 기어오르는 감정을 싹둑 잘라냈다. 덩달아 쏘아붙여 주고 싶던 말도 같이 삼켰는지 날 향한 눈빛이 도끼눈 모양이었다. 하긴 어쩌다 티브이를 보노라면 출연하는 이들 모두가 고맙다. 아까 본 얼굴이 그 얼굴 같고, 저 얼굴이 이 얼굴 같아 하나 같은 느낌이다. 자주 안 보면 헷갈려 누가 누군지 구분도 어려울 정도이다.

회원 중에 성형외과를 운영하는 사람이 있어 가볍게 성형하는 쪽으로 이야기는 기울었다. 이런저런 이야기로 이어지는가 싶더니 이야기는 내 앞에서 멈췄다. 어지간하게 불편하지 않으면 견적도 많이 나올 듯하고 내 경우는 고칠 생각이 없노라고 했다.

별로 곱지도 않으면서 자신만만한 것이 비위에 거슬려 그랬는지도 모르겠다. 쌍꺼풀이 아니라 여러 꺼풀인 눈을 보면서 손을 좀 보면 훨씬 좋겠다고 한다. 그도 젊어서 해야 효과가 크다 했다.

요즘 손님이 많아 예약해 놓고도 한참 후에나 가능할 정도로 많이 기다렸다며 한 회원이 말 나온 김에 얼른 하라며 거든다. 내가 불편하지 않아 않겠다는데 그 단호함이 외모로 인해 내면의 순수를 훼손시키고 있지 않은가. '생각 없다'는 말의 어감에 스며든 당당함이 외려 얄미움으로 내비쳤는지도 모를 일이긴 하다.

예쁘면 좋겠지만 생활하는 데 크게 지장 없어 보이는데 왜 그럴까 궁금했다. 고치면 관상이 좋아지겠냐고 다시 물었다. 그런 것은 자기 영역이 아니니 모르겠고 더 처지기 전에 생각해 보는 것이 좋겠다고 한다.

성형 생각이 없었으니 그에 대한 관심도 전혀 없었는데 그 이야기를 듣고 성형에 대한 관심이 급상승했다. 나는 어느새 비용이 얼마 정도 드는지, 시간은 어느 정도 소요되는지를 묻고 있었다.

언젠가, 어머니는 거울 앞에 앉은 내 모습을 보며 곱다는 말로는 모자랐던지 '참 곱다.' 했던 것도 어쩌면 예뻐서가 아니고 생기발랄한 그 젊음이 고왔던 것일 게다. 늘 그러하듯 고운 얼굴을 보며 같이 고와지는 착각에 빠지는 그런 즐거움까지는 아니라도 좋겠다. 나이 들면서 일상생활을 하는 데 불편하지나 말았으면 하고 바란다면 이도 욕심일까.

상대를 의식하기 전에 내가 느끼는 불편함을 저울질해야 하는, 나이가 의식되는 그런 하루다.

거울

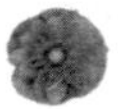

세수하고 수건을 꺼내 물기를 닦았다. 늘 반복되는 습관대로 눈을 준 거울 안에서 물끄러미 나를 쳐다보고 있는 거울 속의 다른 나를 본다.

내 얼굴이면서 어느 날은 그 상이 곱게 비치는가 하면, 어떤 날은 내가 아닌 듯 추레한 모습일 때가 있다. 오늘이 그랬다. 손가락 빗으로 머리로 쓸어 올려 보고, 눈도 깜빡거려 보기도 한다. 그래도 마뜩잖아 입꼬리를 웃듯이 위로 추켜올려 놓았다가 아닌 듯싶어 또 제자리로 내려놓는다.

문득 거울 면을 봤더니 수증기에 의한 물 얼룩이 여기저기 흩어져 있고, 무리 져 물방울 모양을 이루기도 했다. 내 팔이 닿는 반경만큼 원을 그려가며 반복하여 닦았다. 그래도 얼룩은 쉬이 닦이지 않았다. 수건을 접어 손가락 끝에 힘을 주며 문질러댔지만 여전하다. 조금 전에 먼저 씻고 나간 아들이 드라이어를 꺼내려는지 욕실 쪽을 기웃거린다.

"엄만 다했는데 슬리퍼 줄까?"

"아뇨. 바쁘지 않아 엄마. 천천히 해도 되는데…."

말꼬리를 흐리며 슬리퍼를 내어 주자 욕실의 커다란 거울 앞에 아이가 선다. 숱이 많고 빳빳이 선 머리칼에 왁스를 바르며 머리 모양을 낸다.

엊저녁에 주고받은 몇 마디로 상한 마음이 여태 풀리지 않았음인지 아이도 나도 감정이 어정쩡했고, 그 속에 표정과 몸이 느끼는 기운은 감추지 못하고 적나라하게 표출되었다.

지극히 짧고 폐쇄적인 단답형의 대화. 행여 마주치기라도 하면 감당하기 어려울 것 같은 어설픈 눈빛. 그 속에 잦아드는 감정의 무게가 그랬다.

아들은 졸업을 예정하고 미리 취업이 되었다. 요즘같이 또래의 아이를 둔 부모들의 화두가 되고 사회적 문제가 될 만큼 미취업 청년의 정체 속에서 정말 축하할 일이다. 우리 가족은 많이 좋아하였다. 사람이 어느 일정 선에 있을 때 그 선에서 만족하지 못함을 욕심이라고 할까? 직장 생활이라는 게 그렇겠지만, 아들은 이런저런 이유로 술 마시는 일이 부쩍 잦았다. 그런 분위기를 모르는 바도 아니기에 나는 굳이 돈을 아끼라 대 놓고 이야기하기는 좀 그랬다. 그래도, 아무튼 이쯤에서 제동을 걸어야 할 듯싶어 조심스레, 그렇다고 너무 진지해 보이지도 않게 내 딴엔 이해심과 관용까지 보이며 "엄마한테도 용돈 좀 줘야지 않겠니?" 하고 넌지시 말을 꺼내었다. 모양새 구겨질까 봐 조심스레 머리와 꼬리를 잘라내어 가운데 토막만 보여준 탓일까?

나름 신경 쓰며 이렇게 말하는 게 좋을까, 아니면 편안하게 아무렇지도 않은 듯 말하는 게 좋을까 적잖이 생각했다. 긴 생각 끝에 이어 묻는 말과 거의 동시에 내 귀에 다른 '소리' 가 닿았다. 순간 누구 말이 선후인지 헷갈리는 줄 알았다.

"왜, 엄마 돈 필요하세요?"

생각지 않은 아이의 대답에 뜨악했다. 이런 상황에서 최소한 '예'라거나, '드려야죠. 얼마 정도?' 하는 예와 겸양까지는 아니라도 기본은 갖추어 타진해 올 줄 알았다.

'돈이 필요하냐?'고 묻는 것 자체가 이미 타협점을 찾는다는 것을 허락지 않았다. 잠시 썰렁한 기류가 둘 사이에 흘렀다.

'이럴 줄 알았으면 말하지 말 것을, 아예 말 것을….'

어색한 상황이 만들어 놓은 상황에 순간, 난 입을 닫았고 아들은 거실로 나갔다. 한 십여 분이나 지났을까?

"엄마, 미안해요. 그렇게 말하는 것이 아니었는데…."

아들은 직장에서 느낀 애로며, 앞으로의 방향 등을 설명하느라 아이대로 어쩔 줄 몰라 했고, 나는 거푸 '괜찮다, 괜찮다.' 대답했다. 괜찮다고 하는 것은 상황을 모면하기 위해 감정이 성대에서 끌어올린 입을 통하여 해체된 것뿐이고, 심연은 뭔지 용서치 못할 일을 본 듯 부글거림이 '괜찮지 않고 있음'을 말하고 있었다. 그리고 이내 뭔지 모를 감정 하나가 아이를 상대로 벼르고 있었지만, 어미 된 마음이 작용하였음인지 가까스로 목구멍에서 제어되었다.

'녀석! 저가 나한테 올 것보다 저한테 넘어갈 것이 아직은 더 많을 것 같다만….' 섭섭한 생각과 묘한 감정이 짓이겨지며 벼르던 마음 중에 색깔 다른 감정 하나가 몇 십 년을 거스르며 펄럭거렸다.

그랬었다, 어머니는.

날이 궂을라치면 허리가 아프다 했다. 때로는 다리며 어깻죽지도. 흔히 듣는 말이고, 또 너무 자주 들어 귀에 익은 탓에 심드렁하게 '그러려니' 했었다. 얼마 지나지 않아 또 같은 말이 반복되었다. 귀찮아서 대꾸했다. "나이가 들면 다 아프지요. 어머니! 기계도 헐어 가면 고장 나잖아요." 아들 셋에 딸 하나 두어서 친구처럼 편안하게 말하고자 함이었는데 대답하는 모양새라니.

세월 속에 팽팽하게 당겨진 당신의 삶은 끝내 육체를 소진하고 소진된 육신은 다시 정신 세계마저 나약하게 뒤흔들어 놓았다. 그 뒤흔듦은 이내 아이를 통해서라도 당신을 향한 따뜻한 마음을 확인하고, 그 속에서 당신의 존재 가치를 알고 싶음이셨는데…. 당신이 원하는 따뜻함 대신 교과서의 반듯함처럼 '그래서 이렇다.'는 공식을 들이대었으니 그 칼끝에 에이셨을 어머니의 마음을 나는 내 아이를 통하여 철저하게 확인 받는 건 아닌지.

문득 스쳐 읽었던 글귀가 순서 없이 착잡하고 심란한 가슴으로 잦아든다.

'주어도 주어도 모자란 게 부모 마음이고, 받아도 받아도 모자란 게 자식 마음이라. 다음 생엔 자리 바꿔 살아 보

았으면.'

먼 시간 후에 내 아이도 평범하면서 묵직한 무게감의 이 구절을 부여잡아 행여 외로운 울음 우는 어른이 되어 있지는 않을까.

가버린 시간의 기억 속에서 헛손질하며 회한에 사무친 나의 그것처럼.

습관

'습習'이란 한자는 새 새끼가 깃羽을 세우며 가슴팍이 하얀白 털을 보이며 나는 형상을 본뜬 글자이다. '익히다, 되풀이하다, 길들이다….'란 뜻으로 쓰인다. '거듭되는 날갯짓을 하여 오랫동안 되풀이하여 몸에 익은 채로 굳어진 개인적 행동'이라고 풀이한 이도 있다.

신호를 서너 번 받고서야 차가 움직였다. 이렇게 차가 밀릴 때면 걸어가는 편이 빠르지 않을까 하는 생각이 들곤 한다. 출퇴근 시간이면 앞에 즐비한 차를 보며 '저 신호를 건널 수 있으려나?' 셈하다, 간당간당하게라도 건너면 왠지 그날 재수가 좋을 것 같은 기분이 든다.

얼마 전만 해도 대중교통을 이용하거거나 도보인 경우

비슷한 시간에 오가노라면 늘 비슷한 장소에서 만나지는 모습들이 있다. “여덟 시 통근길에 대머리 총각….”으로 시작되는 대중가요의 노랫말처럼, 이쯤에서 만나야 하는데 저만치서 만나면 내가 늦었든지, 상대방이 늦든지 가늠이 되었던 때가 있었는데 이제는 옛일이 되어 버렸다.

움직이면 좀 덥다 싶을 정도의 날씨가 노년의 어른들에게는 딱 알맞은 온도인 모양이다. 시설이나 복지관 등 어른들을 위한 공간이 없었을 땐 오종종히 비슷하게 햇볕 잘 드는 양지쪽에 모여 앉아, 이야기꽃을 피우던 동네 어른들을 흔히 보았었다. 아이나 어른이나 각기 놀이 공간을 찾아 곳곳으로 가버린 탓일까. 그런 모습도 이젠 추억 속에서나 그려 볼 풍경이다.

노인시설인 이곳은 생활하기에 딱 알맞게 실내 온·습도를 설정해 놓았다. 대충 정리하고 오전 간식까지 마쳤다. 더우면 에어컨을 켜고, 추우면 보일러를 켜, 누군가 검지와 돈만 있으면 필요한 것들이 거의 이루어진다던 말이 생각난다. 생활실 안에서는 계절의 변화를 커다란 통유리로 투과되는 햇살과 철따라 정연하게 잘 조성된 산책로 따라 색색이 피고 지며 구불구불 이어지는 정원을 보아야만 알 수 있다. 실내 온도도 계절과 관계없이 사철 비슷하다.

햇살 좋은 날이다. 프로그램을 마친 후의 잠시 한가로움을 느끼는 시간이다. PC 앞에서 머리로는 그날그날 개개인에 대한 관찰 기록을 정리하면서, 눈은 물가에 내놓은 아이처럼 불안한 어른들을 관찰한다. 늘 같은 공간에서 익숙하게 지내는 얼굴들이지만 몸은 쇠하고 정신은 아뜩아뜩하니 작은 몸 동작에도 몸의 균형을 잃어 낙상 위험에 노출될지 모르기 때문에 항상 주시해야 한다.

어르신들 사이로 두 할머니가 마주앉아 이야기를 나누고 있다. 얼핏 보면 서로 주고받는 분위기로 정답게 대화를 나누는 것처럼 보이나, 가까이에서 들으면 각자 당신 말만 하느라 둘은 동문서답한다. 한 사람은 귀가 먹어 듣지 못하니 당신 말만 당신 말이라는 듯 계속하고, 다른 한 사람은 오락가락하는 기억력에 했던 말을 하고 또 하느라 늘 반복되는 내용이다. 소통하기 위한 수단으로써의 말이 아니라 그냥 입 밖으로 나오니 말인 셈이다.

잠시 후, 옆에 와 앉는 또 한 할머니. 옷이 서랍장 가득 있으 면서도 늘 허름하고 다 떨어진 옷만 고집한다. 먹고 자는 일 외엔 특별히 할 일이 없는데도 옷매무새며 빗겨 주지 않으면 헝클어진 머리칼도 손가락 빗질마저 하지 않는다. 이곳에 오기 전엔 밭일만 했다는데 "세상도 좋긴 좋다. 이렇게 놀아도 먹고사니 원." 하며 바깥을 내쳐 보다가 눈 돌리며 너무 화창한 날씨가 얄궂었음인지 애꿎게 해를 향해 도끼눈으로 흘긴다.

옷을 갈아입도록 몇 번을 큰 소리로 유도하지 않으면 당신 스스로는 갈아입는다는 생각을 아예 못 한다. 새 옷을 나눠 드려도 마냥 아까워 만지작거리다 벗은 후 개어 서랍장에 다시 꼭꼭 담아 놓는다. 소매 끝단 올이 줄줄 풀려도 좋고, 위아래 왁자하게 꽃무늬라 보는 눈이 어지러워도 좋단다. 헌 옷을 먼저 입고 다 해지면 새로 입겠다는 곤궁한 시절을 살아온 삶이 몸에 밴 탓일까.

보풀이 온통 붙어 있는 옷을 억지로 갈아입혀 드리면 잠시 눈을 피한 때를 찾아 어느새 또 입었던 옷으로 다시 갈아입곤 한다. 때맞추어 나오는 옷들은 그렇게 또 서랍장 속으로 들어간다. 세월이, 그리고 당신 모습이 바뀌어도 바뀐 것에 대하여 인지가 어려운지 궁한 시절을 아프게 보냈던 기억만 가득한 모양이다.

얼마 전 이·미용 봉사팀이 왔을 때 머리를 짧게 자른

후, 숱 없이 더 파삭한 머리를 방바닥에 대고 아무렇게나 드러눕는다. 로션 한번 바른 적 없던 것처럼 꺼칠하게 야윈 몸 위로 무딘 손마디만 거친 삶의 행적을 읽어 내게 한다. 헐렁한 소매에 닿은 새 옷의 익숙지 않은 모습처럼 갑작스럽고 낯선 무료함에 적응이 어려운 것일까.

기억은 한없이 바쁜데 이곳에서의 대책 없는 무료함에 고단한 그녀의 육신은 잠을 청한다. 온통 꼽등이의 굽은 등처럼 구부정한 등을 쪼그린 채 누운 할머니에게는 괭이잠이겠지만, 잠시나마 편안하였으면 하고 베개를 당겨 고여 드린다. 베갯머리 언저리로 내리쬐던 햇빛도 얼굴 위 깊게 파인 주름을 헤집으며 같이 드러눕는다.

감정, 스캔하다

조용한 저녁입니다. 가끔 이런 적막함 속에서는 폰으로 다운 받아 놓은 라디오를 듣지요. 적당한 음량으로 맞춘 후 턱을 괴고 앉습니다. 들리기에 듣는 그런 듣기지요.

> 오면 민망하고/ 아니 오면 서글프고/ 행여나 그 음성/ 귀 기울여 기다리며/ 때로는/ 종일을 두고 바라기도 하니라./ 정작 마주 앉으면/ 말은 도로 없어지고/ 서로 야윈 가슴/ 먼 창만 바라다가/ 그대로 일어서 가면/ 하염없이 보내니라.

어느 여류 시조 시인이 쓴 글에 밴 감성을 좇다가 '서로 야윈 가슴'이라는 날 선 언어에 꽂혀 마음 베인 자리가 시려옵니다. '마주하면 무슨 말을 할까?' 내 머릿속은 온통 바빠지다 정작 그 빈자리엔 궁색함이 가득합니다. 같이했던 시간들이 멀어질수록 해야 할 이야기는 많을 것 같은데, 외려 초조하니 길기만 합니다.

모자람 없는 언어와 감정에도 결국 서로는 소통에 끽끽대다 휑한 가슴 한 언저리엔 계절 읽는 풀벌레 소리로 채워집니다. 소리에 기대어 보았습니다. 고운 언어에 담긴 감성을 '같이할 이'라는 공통분모를 가질 수 있다는 것으로도 짜장 좋습니다.

오랜만에 대하는 글귀에서 하마 내 마음인 양 움찔하며 조심스럽게, 아니 은밀하듯 쓴 편지글에 머문 감정을 공유해 보겠습니다. 세월을 베어 문, 빛바랜 한지 바른 창 안으로 아직은 덜 여문 저녁 달빛이 스밉니다. 이내 상념도 그 한지처럼 희붐한 달빛 한 줄기의 가지 끝을 베어 물고 있습니다. 그 위로 '보 · 고 · 싶 · 다' 는 곡진한 마음을 주렴처럼 줄줄이 늘어뜨린 채 못내 바라기합니다. 감정을 얼른 스캔했습니다.

가없는 마음도 그만 생각 위에서 저물어 갑니다.

소금꽃

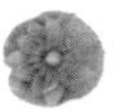

후끈. 연일 이어지는 열대야다. 화장실에서 나오는 아이도 잠을 설쳤는지 반쯤 감긴 눈으로 발을 뗀다. 뒤척이다 깨니 아침이다. 움직이면 땀이라 날씨만큼 늘어져 뒹굴뒹굴한 탓일까. 여름 해 길다지만 어느새 중천이다.

미루던 옷이나 정리해 볼까. 옷장 가득 다 옷인데 막상 나가려면 딱히 입을 옷이 없다. '작년 이맘땐 대체 무슨 옷을 입고 있었지?' 하고 곰곰 생각해 봐도 얼른 떠오르지 않는다. 아무튼 벗고 지내지 않았던 건 분명하고 작년이라고 외출할 일이 없었던 것도 아니니 더욱 그랬다.

옷걸이에 즐비하게 걸려 있는 옷을 뒤적거리며 헤집기를 반복했다. 아이가 퇴근해 들어오다 열어 놓은 옷장을 보며 뭐하느냐고 묻는다. 옷은 많은데 마땅히 입을 게 없다고 하자 옷 하나 사 드리겠노라며 나가자 한다. 괜찮다고 두어 번 말했다. 입으로는 그렇고 마음은 아닌지 두 번째 대답엔 말꼬리는 처음보다 짧고 톤이 가늘어졌다. 아들은 덥다며 얼른 샤워하고 나갈 테니 기다려 달란다. 속으론 '아무렴, 백 번이라도 기다리고 말고.' 좋아서 히죽거리노라 하마 입 가린 손가락 사이로 웃음이 삐져나올 뻔했다.

이런 모습을 '샤랄라'라 표현할까? 서양 여자가 하늘하늘한 하얀색 원피스를 입고 섰는데 바람이 폭넓은 치마를 뒤집어 놓았다. 반사적으로 올라간 치마를 얼른 내리려는 자세. 지금도 많은 이들의 감각을 자극하는지 그 영화의 한 장면을 포스터로, 실물 크기의 조형물로도 만들어 세워진 것을 보았던 일이 생각난다. 어제 산 옷을 몸에 맞추어 당겨 가며 거울에 비춰 봤다. 하늘하늘한 게 색감이 시원하니 곱다. 입고 나서기만 하면 여신이라도 될 것 같은 기분이다.

미국의 육체파 배우라 하는 마릴린 먼로가 한창 잘나가던 시절, 지하철 통풍구 위에 서서 확 뒤집히던 폭넓은 그 치마. 그때의 명장면을 찍기라도 하는 양 몸을 뱅그르르 돌려 봤다. 옷이 날개이고, 화려한 외출을 유혹한다더니 딱 맞다. 운전 면허 받고 처음으로 내 차라는 것을 가졌을 때 차에서 내리질 못했었다. 누군가 심부름이라도 시켜 주었으면 좋겠는데 그도 아니고, 애들을 불러 세워 어디 가고 싶은 곳이 없냐고 몇 번을 묻던 때의 감정과 비슷했다. 아들이 사 준 옷이라 더 그랬을까? 다녀올 곳이 없나 일없이 찾았으나 딱히 생각이 안 선다. 하는 수 없이 옷을 벗어 걸어 놓았다.

엊저녁 설친 잠에 분풀이라도 하듯 늘어지게 자다 깨었다. 청소 후 빨래하려고 겉옷과 속옷 구분 없이 죄 세탁 바구니에 툭툭 던져 놓았던 옷을 분류하기 시작했다. 수건과 속옷을, 겉옷과 양말을 구분한 후 다시 색깔별로 나누었다. 날마다 무슨 세탁물이 이리도 많이 나오는지.

흰색 옷을 먼저 세탁하며 다음에 할 것들을 고르는데 청록색 티셔츠의 목과 등 언저리로 허옇게 뭔가 묻어 있었다. 가만히 보니 묻은 것이 아니라 물든 것처럼 되었다. 물이 든다는 건 짙은 색에서 옅은 색으로 번지는 게 보통인데 자세히 보니 물든 것도 아니었다. 얼룩진 물결이 만든 파문처럼 등판이 온통 그렇게 되었다. 세탁하려고 뒤집는데 뭔가 반짝했다. 땀이 밴 자리였다. 얼른 애벌빨래를 한 후 세탁기에 넣었다.

갑자기 구제역이란 말이 나오면 일단 방역을 해야 한다고 했었다. 날씨도 더운데 머리부터 발끝까지 통으로 된 부직포 같은 소재로 만든 방역복을 입고 일을 해야 한다. 때로는 농장 안에서 이리저리 뛰어다니는 동물들에게 몇 명의 동료와 주사해야 한다고 했었다. 더운 날 옷이 땀에 젖었다 마르기를 반복하였을 터였다. 외출을 꿈꾸던 어제의 사치스럽게 늘어진 생각 사이로 아이가 거친 노동으로 흘리던 땀방울들이 비집고 들어왔다. 이내 부끄러워진다.

얼마 전 구급 상자에서 약을 찾아 바르던 아들이 생각났다. 가축들이 이리저리 뛰어 다니는 바람에 주사기 잡은 손에 부딪혀 조금 아프더란다. 움직임이 관절은 아닌 것 같아 괜찮을 줄 알았는데, 여름이라 살이 물러 상처가 덧날 것 같다던 말이 스쳤다.

일하다 보면 어디서 다쳤는지 모르게 다치기도 하려니 생각하고 쳐다보지도 않았었다. 문득 헐거워진 감정 사이로 미안한 마음이 가득한 채 며칠 전 일이 생각났다.

아이를 보자 빨랫감에 관해서 이야기를 했다. 그랬을 거란다. 어미된 마음일까. 유난히 덥더라며 씩 웃는 모습이 천연덕스럽고 대견하기까지 했다.

얼룩의 소금꽃. 땀범벅이던 아들의 정직한 근로 그 자리 위로 미안함과 고마운 감정도 같은 크기로 가슴을 채운다. 새로 산 옷을 입고 좋아했던 것이 민망하기까지 했다. 아들이 퇴근해 오거든 오늘은 같이 나가 색깔 좋은 옷이나 하나 사주겠다고 말해봐야겠다. 오다가 요즘 유행한다는 눈꽃빙수도 한 그릇 같이해야겠다. 이어 땀과 눈물은 같은 농도지만 전혀 다른 결과물을 준비한다고 들었던 이야기를 나누며 이 어색한 감정을 만회해 볼까.

소원

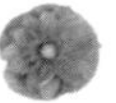

슬로베니아라는 낯선 땅을 밟았다. 이전 여행지에서 버스로 3시간 반 가량을 이동하느라 좁은 공간에 앉아 있었더니 다리가 저렸다. 발칸 반도에 위치한 국가라는 것 외에 알고 있는 것이 없다. 참, 그러고 보니 세계의 대통령이라는 미국 대통령 퍼스트레이디가 이 나라 모델 출신이라고 방송에서 들은 기억이 있다.

한라산에 있는 사라악의 산정호수처럼 산으로 둘러싸여 있고 또 호수 한가운데로 작은 섬이 있는데 그곳이 블레드 섬이다. 이 섬은 슬로베니아의 유일한 섬으로, 줄리언 알프스 산맥 자락에 자리를 잡아 아름다운 경관을 한껏 뽐내고 있었다.

알프스 만년설이 녹아내리며 모여들었다는 물줄기가 한

폭의 산수화처럼 이런 경관을 만들어 놓은 것이라 한다. 물속에 비친 물그림자는 산과 위아래를 포개어 접기라도 하면 접힐 것같이 상하 대칭으로 고요하고 우뚝하다. 물색이 저리도 고운데 마실 수 없는 석회수라는 것이 안타까웠다.

슬로베니아를 대표한다는 블레드 호는 빙하 활동으로 인해 형성된 호수가 유명하다고 했다. 이곳을 지나며 바라본 건너편으로 커다란 성이 높게 있었다. 블레드 성은 슬로베니아에서 가장 오래된 성이라 한다. 호수 한가운데 섬이라 부르기엔 너무 작은, 그 섬 안에 성모 마리아 승천 성당이 있었다. 그곳을 가기 위해 우리 일행은 유일한 이동 수단인 나무로 만들어진 그곳 전통 나룻배인 '플레타나'라는 배에 올랐다.

배는 이동 시 편리하게 기계나 연료를 쓰지 않고 오로지 노를 저어서만 갈 수 있다고 했다. 18세기 때부터 블레드 섬은 환경보호 차원에서 28척의 배로만 이동하였는데 200년이 훨씬 지난 지금도 28척으로 이동한다고 들었다. 우리가 배에 오를 때마다 사공은 이쪽 저쪽 배의 좌우로 몸무게나 키를 얼추 비슷하게 맞춰 가며 좌석을 배치하고 있었다. 배의 균형을 잡기 위해서란다.

젊고 훤칠한 키에 배우 같은 외모를 가진 젊은이가 노를 젓고 있었다. 이곳 사공은 아무나 할 수 있는 것이 아니라 가문 대대로 내려오는 가업이고, 정부로부터 허가를 받은 남자만 할 수 있다는 것이다. 어찌 보면 한정된 사람에게만 부여된 독과점이며 금녀의 영역인 셈이다. 그래서일까. 수입이 아주 좋다는 말을 가이드가 귀띔해 준다. 훤칠한 키의 젊은 사공은 많은 한국인이 방문하는 곳임을 알려 주기라도 하듯 블레드 섬을 배경으로 사진 찍는 모습을 보며 "멋져요."라는 말과 함께 엄지를 척 올렸다.

가이드는 섬으로 가는 동안 이 성당에 대하여 간략히 설명하였다. 많은 이들이 이곳의 경관과 섬에 있는 성당이 주는 전설에 끌려 특히 젊은 남녀가 찾는다는 것이다.

거의 성당에 다다를 즈음 가이드는 이곳 성당에서 종을 치면 90여 미터의 종루를 타고 종소리가 울리는데, 소리가 하늘에 닿으면 소원이 이루어진다고 설명한다. 우리 일행은 그 말에 갑자기 생각이 분주하고 복잡했다.

목적지는 코앞인데 어떤 소원을 빌 것인지 얼른 정리가 안 되었다. 웅성거리며 두리번거리는데 잠시 후 한마디를 또 건넨다. 소원은 타인을 위한 것은 안 되고 오로지 자신만을 위한 기도라야 이루어진다는 것이다. 또 바빠졌다. 우리 아이, 우리 남편, 돈, 시험…. 이런 것에 익숙해 있다가 자신을 위한 기도를 해야 한다는 것이다. 연습이 없었는데 갑자기 어떻게 해야 할 건지 난감해 하면서도 모두의 입은 귀 가까이 걸려 있었다.

선착장은 성당의 99개 돌계단과 이어져 있었다. 슬로베니아에서는 결혼식을 하면 신랑이 신부를 안고 계단을 오르는 전통이 있다고 한다. 오르는 동안 신랑은 한 번도 쉬지 않아야 하고, 신부는 절대 침묵을 지켜야 사랑이 지속된다고 한다. 신랑은 어떠한 고난에서도 가정을 지켜나가야 하는 짐과 신부는 그 수고로움을 깊고 엄숙히 생각하라는 뜻이라 했다.

일행은 말없이 성당의 계단을 밟기 시작했다. 넓은 곡선의 고풍스러운 돌계단을 세며 오르다 소원 운운하는 바람에 잊고 다시 걸어 올랐다. 성문 바로 앞에 우물이 있던 자리가 고색창연하게 지난 시간들을 말하고 있었다. 성당 안으로 들어서자 이미 많은 이들이 줄지어 종을 치려 기다리고 있었다. 높다랗게 걸린 종루와 연결된 종에 길게 동아줄이 이어져 있었다. 종의 무게 때문인지 치려고 움직이는데 내 몸이 휘청거리며 끌렸다. 그 종소리는 아이러니하게도 밖에서는 들리지만 안에서는 들을 수 없다고 했다.

못 듣는다는 게 얼마나 다행일까. 아무리 신이라 한들, 이 많은 사람의 즉흥적 소원을 어찌 다 들어줄 수 있으랴. 밖으로 나왔더니 일행 중 한 사람은 아예 종 칠 생각도 없이 멀리 눈을 주어 주변의 풍광을 만끽하고 있었다. 종은 안 치고 왜 여기 있냐고 물었다. "나 같은 사람도 있어야 신도 좀 쉴 게 아니냐?"며 웃는다. 종 친 사람들끼리 마주 보며 조금은 멋쩍게 웃었다.

종을 친 사람 모두는 소원을 못 이루고, 안 친 이 한 사람 소원만이 하늘에 닿을 것 같은 생각이 순간 엷게 들었다. 맑고 청량한 계절의 한 모퉁이를 지나며 소원을 다시 말하고 싶다. 여행 오기 전, "고모! 여행은 다리가 떨릴 때 가는 것이 아니고 가슴이 떨릴 때 가는 거래요." 하며 적극적으로 여행을 응원하던 조카의 한마디가 강한 긍정의 힘이 되어 이곳에 온 것처럼 다음 기회를 기약하고 또 갈 수 있게 말이다.

우리 동네 계절을 닮은 선선한 날, 슬로베니아에서 본 가을해도 물빛 고운 호수 위로 서서히 눕고 있었다.

2부

시간 속으로

그 끝은 어디입니까

어느 가전업체의 카피가 생각난다. "순간의 선택이 10년을 좌우합니다."라는. 아직도 쓰고 있는지 모르겠으나 상당한 관심을 보이며 한때 세간에 유행어처럼 자리했었다. 심지어 사람을 사귀면서 일시적인 만남이 될지, 영구적인 만남이 될지 확신이 안 설 때 가늠하는 우스갯소리로 인용되기도 했다.

좋은 카피라는 것은 지극히 절제된 문장으로 소비자의 감각을 자극하여 제품을 선택하게 하고, 그것을 회사의 홍보나 매출로 연결하는 것이리라. 나름 이것저것 따지고 비교하여 우리 집 세탁기도 이 카피가 바탕이 되어 구입해 쓰게 된 것이다. 익숙하여 편안한 것인지 다른 제품의 편리성을 제대로 몰라 편한 것인지는 헷갈린다.

어쨌든 요 며칠 전만 해도 잘되던 세탁기가 탈수하는 과정에서 '툭툭' 하며 뭔가에 부딪치는 것 같은 잡음과 함께 전처럼 탈수가 잘 안 되었다. 그러다 보니 빨래를 널어도 얼른 마르지 않는 것은 당연한 일이다. 사람 마음이 간사한 것일까. 편하고 고맙다는 생각보다 불편한 것에 대한 반응은 빨랫감을 볼 때마다 크게 작용하여 이만저만 성가신 게 아니었다. A/S를 받을까 생각하다가 얼추 14년을 탈 없이 썼으니 이제 바꿀 때도 되었고, 부품이 없을 수도 있겠다 싶은 생각이 들었다. 카피처럼 이미 10년은 훨씬 넘게 썼으니 더 그렇기도 하고.

새것을 하나 들였다. 벗어 놓은 빨랫감을 넣고 세탁해 보았다. 소음도 전에 비해 훨씬 덜하고 반짝반짝한 외관처럼 세탁도 잘되었다. 당장 써야 하는 물건이고 기능을 숙지하느라 이것저것 누르며 살폈다. 뭔지 모르게 외관은 깨끗하고 좋은데 단순해도 좋을 세탁기에 무슨 기능이 그리도 많은지, 제품 설명서를 읽다가 눈이 아파 접었다. 익혀야 할 것이지만 쓰는 데 불편함이 없다면, 내 머리가 허용하는 용량만큼만 기능을 익히리란 생각으로.

세탁물을 널어놓고 준비를 서둘렀다. 잔대며 향, 국화꽃 한 다발을 챙겨 아이들 앞세워 집을 나섰다. 지난 청명에 다녀오지 못하여 다음 공휴일에 가자고 약속해 둔 날이다. 각자 일터에 매여 있다가 정해 놓은 시간, 챙 넓은 모자를 쓰고 왔건만 오월의 끝자락 햇볕은 따가웠다. 주차하고 산소로 오르는 길 오른쪽 입구에 하늘을 가릴 만큼 키 큰 상수리나무 잎이 봄볕에 싱그럽다. 긴 호흡을 하며 한쪽 팔을 기대고 섰는데 민낯에 더해지는 남실바람이 주는 청량감이 세포들을 온통 흔들며 자극한다.

걷기 시작했다. 넓은 초원 위를 헤집고 다녔던 숱한 발걸음 속에서 사람 눈에 못 들어 꺾이지 않은 고사리손이 계절에 지쳤음일까. 제 몸의 몇십 갑절로 순을 이파리로 키우며 무더기로 햇살 속에서 팬 자리가 아깝다. 뒤에 오는 에미의 걸음이 미덥지 못했던지, 뒤돌아본 후 다시 성큼성큼 앞서 딛는 아이들 발걸음이 든든하다. 묘를 쓰던 그해 겨울, 저들 어린 발이 움푹 파던 발자국이 눈길 속 서툴고 더딘 걸음에 내가 못 미더워 울컥 하늘 향했던 눈을 차마 아래로 내리지 못했었는데 말이다.

산소에 도착하여 봉분 옆으로 핀 엉겅퀴며 찔레, 고사리 팬 것을 뽑아 걷어 내었다. 자리를 펴고 준비한 향을 피운 후 절을 했다. 선들 부는 바람에 석상 위 향내가 코밑을 스친다. 당신을 향해 떽떽거리던 나를 보며 "잘 들어 봐. 당신이 중1일 때 난 고3이었어." 그랬었다. '어디 5년 세월을 감히'가 생략된 것을 아무렴 모를까. 석상 옆으로 세워진 비석의 뒷면 비문 끝 언저리로 눈을 주었다. 아이들 이름과 내 이름 위로 당신이 홀로 보낸 세월의 간극만큼 돌이끼는 푸른 가없음과 나란히 앉아 있다.

말대꾸하는 나를 보며 고3 운운하더니 이제 당신보다 내 나이가 열다섯이나 더 많아져 있음을 알고 있을지. 지금처럼 다시 올봄이면 하나씩 또 보태질 터이고, 잠깐 아이들 몰래 빗장 연 방자한 추억 한 조각에 생각이 머물자 코끝이 맵다. 올려다본 하늘 위로 커다란 구름 한 덩이 덩실, 들킬까 조심스럽던 감정을 덮어 준다.

보고 싶은 마음 끝에 와락 쏟아지는 얼굴 하나. 그리움 속에서 확인되는 부재의 깊은 늪, 그리고 그 쓸쓸함. 허공에 감기며 마음 하나 채워 내지 못하는 헛헛함과 애잔한 그리움의 그 기울기가 팽팽하니 섧다.

언제 저리도 많이 피었을까. 산담 밖 군데군데 무리진

찔레꽃 색이 서늘하도록 희다. 진저리치며 흘렸던 눈물은 지치지도 않는지 속절없다. 이런 날은 감정도 소모성이었으면 그지없이 좋겠다.

당신을 향한 나의 A/S 기간 - 그 끝은 어디입니까.

시간 속으로

'칠면조가 여우의 공격을 받을 위기의 순간, 요새인 나무 위에 올라가 몸을 피했다. 꾀 많은 여우는 나무에 오르다 미끄러지는 척, 오르느라 기진맥진한 척, 떨어져 죽은 척을 반복했다. 달빛도 칠면조의 편인지 여우의 행동이 적나라하게 노출되었다. 언뜻언뜻 여우의 꼬리가 달빛에 반사되어 은빛을 띠면 칠면조들은 적의 모습을 훤히 알아볼 수 있었다. 그런 시간이 지속되자 요새라 생각한 곳도 한계가 있었다. 긴장하며 엿보느라 힘 빠진 칠면조들이 지쳐 하나, 둘 떨어지더니 줄을 이었다. 그러자 여우는 칠면조를 물고 식량 창고로 돌아갔다.' 우화 한 토막이다.

되짚어 생각하니 절로 웃음이 나온다. 우습다기보다 요

즘 신조어로 '웃기지만 슬프다'는 뜻인 '웃프다'는 말이 맞겠다. 혼자 어이없어 실실 웃다가 감정은 다시 평정을 찾았다.

아득하다. 모든 일이 그러듯 결과를 알면 현명하게 대처할 능력도 생기고, 차분하게 이성적으로 조목조목 셈도 한다. 그 셈속엔 이익을 극대화하거나 때론 피해를 최소화할 수도 있다. 그렇지만 대부분의 일은 예상을 빗나가 칠면조의 그것처럼 지치고, 맥 빠져 결국 다 내어 줘야 어렴풋이 가닥을 잡을 때가 많다. 창밖으로 내리는 굵은 빗방울을 보며 마당을 적시다 말 건지, 하수구가 범람할 정도인지 누구도 모르듯이 말이다.

겁 없이 덤빈 무모함. 지금 생각하면 한숨과 함께 안도의 긴 호흡을 내쉰다. 든든하던 울타리가 여지없이 무너져 버린 후, 아이들을 거두어 안으며 한 가정의 가장으로 살아야 했다. 당장 수입원이 끊기자 우선 먹고 사는 일도 그렇고 내일 걱정으로 앞이 캄캄했다. 미래에 대한 불안감은 내 삶을 벼랑 끝으로 내몰았다. 경제 활동을 했던 것도 아니고 착실하게 남편의 벌어 오는 수입을 유효적절하게 배분하고, 아끼며 사는 생활이 내가 해 왔고, 할 수 있는 전부였다. 상실의 아픔도 현실 앞에선 한갓 감상일 뿐이었다. 대체로 일이란 것이 그렇듯 다급하게 서두르면 늘 엇나가고, 엇나간 자리엔 생각지 못한 결과가 기다리는 모양이다.

궁여지책으로 빈 밭에 생전 해보지 않은 농사를 짓기로 했다. 그렇게라도 하지 않으면 숨이 멎고 한 치 앞을 몰라 모두 뒤죽박죽 헝클어질 것만 같은 불안감에 휩싸였다. 몇몇 지인들을 찾아 자문도 구했다.

"바쁘다 한들 바늘 허리에 실 묶어 쓸 수는 없지 않으냐."며 솔직한 말로 생각을 재고하라거나, 전업농인 한 친구는 "농사는 농사꾼이 해야 하고 장사는 장사꾼이 해야 맞는 거다."라며 그건 아니라는 말을 거듭하며 한사코 말렸다.

어떠한 말이나 충고도 귀에 들어오지 않았다. 한술 더 떠 '내 상황이 안 돼 보니 남의 말이라 함부로 한다.'라며 그 진정성에 섭섭해 했고 올곧은 충고마저 내 편의 위주로 그들의 뜻을 왜곡해 버렸다.

이듬해, 넓은 그 밭에 십 년생 귤나무를 갖다 심었다. 과수원을 조성하기 시작했다. 나무 사는 것부터 사람 구하는

일까지 움직이는 모든 것이 돈이었다. 그 후 불안함과 조바심으로 매일 농사꾼처럼 열심히 밭을 밟았다. 일에 진전이 없자 그럴수록 마음만 조급해졌다. 무슨 일이든 내 손이 미치지 않으면 남의 손을 빌릴 수밖에 없다.

밑 빠진 독에 물 붓듯 돈이 들어갔다. 자갈들을 하나하나 골라 내며 밭을 만들어 갔다. 주워 올린 돌들을 손수레에 담아 허리가 휘게 이끈 후 밭 가장자리로 옮겼다. 옮긴 돌로 돌무더기를 만들어 놓는 일이 달포 정도 걸렸다. 그런 날 밤이면 몸에 익지 않은 일이라 끙끙거렸다.

시간이 지나자 일의 진행 정도와 관계없이 자연은 참으로 정직했다. 식재 후 하얗게 귤꽃이 피어, 나무는 온통 흰 눈을 덮어쓴 듯했다. 밭 언저리로 다가가면 그것들은 제 몫을 다하느라 진한 꽃향기를 토해냈다. 그렇게 얼마 지나자 이젠 핀 꽃을 적화하느라 엄지와 검지가 벌겋게 익어 물집이 생겼다. 토요일 오후나 일요일엔 아이들을 '통닭 사 주마.'며 얼러 과수원으로 데리고 갔다.

억지로 끌려온 아이들은 돌멩이 서너 개 수레에 담아 놓곤 이리 펄쩍 저리 펄쩍 뛰며 논다. 어떤 날은 작대기를 주워 칼싸움하며 울고 싸움질도 하지만, 그래도 혼자보다 의지가 되어 훨씬 좋았다. 흰 꽃이 콩알만 한 열매가 되어 오종종하게 개화한 수만큼이나 닥지닥지 열리면, 적화에 이어 적과를 또 시작해야 했다. 아주 오래전 주민증을 만들 때 어느 시골 할머니가 지문을 찍어야 하는데, 일하느라 다 닳아 찍지 못했다는 이야기가 퍼뜩 스쳤다. 목구멍으로 뜨거움이 훅하고 기어올랐다. 몸도 힘들고 마음도 지쳐 갔다.

돌아오는 차 안에서 아이가 말한다. "엄마, 밭 누구 줘버리면 우리 일 안 해도 되잖아!" 싫다는 애를 끌다시피 데리고 왔더니 던진 묘수다. 줘 버리면 되는 간단한 방법을 찾아냈다. 이어 내리 몇 년 귤값이 바닥을 모르고 하향곡선을 그을 즈음, 어렵사리 사람은 구했으나 수지가 맞지 않는다며 경작을 그만 두겠다고 했다. 방법이 없었다. 아이 말처럼 누가 달라면 주고 싶은 참담한 심정이었다.

이젠 그 일도 세월에 묻혀 옛이야기가 되었다. 우리가 하는 걱정거리의 40%는 절대 현실에서 일어나지 않을 것들에 대한 쓸데없는 고민이라는 글을 읽은 적이 있다. 그랬었다. 줘 버리자던 그곳에 신공항이 들어선단다.

여우가 나무에 올라가다 미끄러지는 척, 오르느라 기진맥진한 척, 떨어져 죽은 척을 반복하며 노린 것이 혹독한 삶이라면, 힘들 만큼 힘이 들어야 하고, 애쓸 만큼 애써야 하고, 지칠 만큼 지쳐야 함 또한 내 몫이었나 보다.

장난감 총이나 로봇을 손에 쥐여 주면 되었던 아이들도, 세월 속에서 장난감 대신 훨씬 규모가 큰 것을 필요로 할 나이가 되었다. 크기나 색깔이 달라졌을 뿐 삶에 대한 걱정은 여우와 칠면조의 그것처럼 지금도 계속되고 있는 현재 진행형이다.

고등어와 어머니

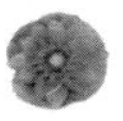

퇴근 후 정신없이 준비한 저녁이 살짝 억울하여 혼자 투덜댔다. 미리 말을 했으면 바쁘게 안 해도 될걸 공연히 바빴잖아.

가정의 울타리 안에서 가족이라는 이름으로 엮인 이들과 저녁을 같이 먹는 일도 참 어려워졌다. 하기야 세월 따라 가족의 개념도 많이 달라져 촌수와 무관하게 가족이라고 생각하면 가족이 된다고 정리한 글을 읽은 기억이 있다.

십여 년 전만 해도 외식한다며 가족끼리 저녁 먹으러 가던 일이 무슨 대단한 위세나 되는 양 좋아했던 것을 생각하며 격세지감을 느낀다. 예쁜 옷으로 갈아입고 나섰던 길이 거꾸로, 이제는 집에서 한 끼를 온 식구가 같이 먹으려면 사전에 다른 약속들 하지 말고 저녁 같이 먹자고 도리어 약속을 잡아야 하니 말이다. 이러저러한 약속들이 있어서 저녁 먹고 오겠다는 연락을 다 준비된 저녁상 앞에서 받았다.

직장에 매여 있다 보니 밖에서 저녁을 해결할 일들이 많다. 물론 선약도 있지만, 퇴근 무렵 갑자기 분위기에 휩쓸려 저녁 약속을 해놓고 난감하면서도 어쩔 수 없이 가게 되는 때도 더러 생긴다. 그런 날이 며칠 이어지다 보면 미안한 마음에 오늘처럼 귀가하여 서둘러 의도적으로 착한 주부가 되어 보기도 한다. 시간을 쪼개어 밥상을 준비 하지만 둘러앉아 밥상을 함께할 가족이 없어 혼자 먹는 만찬이 된다.

식탁 앞으로 의자를 바싹 당겨 앉아 노르스름하게 팬에 튀겨 놓은 먹음직한 고등어 토막을 젓가락으로 헤집어 한 입 먹는다. 적당한 온도와 삼삼하게 간이 밴 맛이 혀의 감각을 자극한다. 고등어를 좋아하다 보니 상에 자꾸 내게 되고, 자주 상에 올리다 보니 익숙해 거푸 입안으로 들어간다. 먹다가 뒤적거린 생선 살과 같이 가시가 올려졌다. 추려 내어 한 입 먹는데 잔가시가 잇몸을 건드리는 게 적당히 부른 배 때문인지 성가셨다.

아이가 언젠가 "아깝다고 먹지만 그 음식 값보다 살 빼는 비용이 더 들어 엄마."라며 살찐다고 걱정하면서도 먹는 걸 보고 던진 한마디 말이 강한 긍정의 힘이 되어 정리해 버렸다. 다듬어 먹으면 충분히 더 먹으련만 살찔 것이 은근히 걱정이 되는데다 아이의 말까지 보태져서다.

"지지빠이가 머리나 다듬어 먹고, 가시나 뽀라 먹주 어디 살 토막에 젓가락질이고게?"(계집애가 머리나 다듬어 먹고, 가시나 발라 먹지 어디 살점에 대고 젓가락질이냐?) 어머니 목소리는 다른 식구를 의식해서인지 나지막하면서도 '그렇게 하면 너 이따가 혼나.'라는 묵시적 언어가 그물에 걸린 고등어처럼 옴짝달싹못할 힘으로 다가왔다. 순간 젓가락으로 집었던 살점을 놓지도, 먹지도 못한 채 멋쩍게 엉성한 모습을 하며 울었던 기억이 난다.

그랬다. 그러셨다, 어머니는. 4남매 중에서 딸이라곤 가운데 달랑 하나 두었음에도 '어디 감히'라는 생각은 내 말과 행동 요소요소에 커다란 힘으로 작용하였다. 끝내는 어린 마음에 생선 토막 위로 내미는 손을 보며 밥상 앞에서도 여지없이 '지지빠이와 어디 감히'의 입장을 고수하였다. 둥글게 보인다고 각이 없었을까만 어머니는 그리 보였을 뿐 나를 점차 '착한 아이'처럼 만들어 갔다.

밥상 앞에서 오빠들, 심지어 동생까지 다 먹고 남은 것이 어머니와 내 몫이었다. 살점은 하나 없고 머리와 가시만 덩그러니 남은 접시를 보면서 속상해 울어 버렸다. 밥을 안 먹고 삐쳐 있는 나를 보며 어머니는 생선 뼈에 붙은 살점을 다시 발라 밥숟가락 위에 얹어 주며 말씀하였다.

"네가 나중에 잘살면 이 일이 생각 안 나겠지만 못살면 무슨 말인지 생각날 거다."

그때 눈물을 닦아 주면서 나누던 이야기도, 흘린 눈물을 통 치맛자락에 닦아 주며 달래던 모습까지도 어제 일인 양 선하다.

잠시 생각이 머무는 자리에서 주르륵 몰래 흐른 눈물을 훔쳤다. 입술 위 남은 물기에 그날 어정쩡하게 젓가락으로 올렸다가 먹을 수도 안 먹을 수도 없는 살점에 배었을 짭조름한 소금기와 같은 농도의 맛을 보았다. 뺨을 타던 내 눈물 위로 그 유년, 기억 속 어머니의 얼굴에도 덩달아 흐른다.

세월이 지난 지금 혼자 앉아 뒤적거리며 먹다 남은, 아니 먹은 양보다 남은 양이 더 많은 음식을 바라본다. 고등어 살점을 다투며 먹을 사람도 없는 밥상 앞에서 지난 생각들이 너울을 탄다.

혼자 앉아 먹은 부른 배 위로 울컥거리듯 채우지 못한 이 허기는 대체 무엇일까.

고사리 꺾던 날

이 비가 그치면 고사리 꺾으러 가기로 약속했다. 고사리 밭을 엊그제 답사한 친구가 꺾기엔 좀 이르더라며 안개비 맞고 추워서 덜덜거리며 왔단다. 다음에 가자고 한 날이 오늘이다. 새벽 5시 반까지 집으로 온단다. 엊저녁 서둘러 자리에 누웠다. 그렇게 일찍 가느냐고 되묻다가 서두르지 않으면 안 된다고, 그런 식으로 나오면 빼고 가겠다는 은연중 협박성 발언에 꼬리를 얼른 내렸다.

따끈한 커피를 준비하여 가방에 챙겨 담았다. 꽉 찬 승용차 안의 공기를 환기하려고 조금 열었는데, 열린 차창으로 싸하니 새벽의 찬 기운이 밀려든다. 밖의 풍경이 없어서일까. 드문드문 이동하는 차량의 불빛만 눈에 들어올 뿐,

이른 새벽을 가르는 거리는 한산했다. 얼굴들을 못 본 요사이 며칠 동안 생긴 일들이 순번을 정한 것도 아니건만 여인들 다섯의 이야기는 꼬리에 꼬리를 문다.

아주 잠시 조용해지자 켜 놓은 줄도 몰랐던 라디오에서 몸에 좋다는 건강식이며 장수 소식을 전하는 말이 흘러나왔다. 일행 중 한 친구가 '천년만년 살고지고….'를 한탄하듯 뱉어낸다. 우스개인 줄 알고 다른 한 친구가 "무슨 부귀영화를 보려고 천년만년은?" 하고 응수한다.

친정 아버지가 연세도 있지만, 어머니 돌아가신 후 뇌경색으로 쓰러지면서 편마비에다 그 이듬해에는 치매까지 겹쳤다고 했다. 결국은 요양원에 모셨는데 지난주 초에 갔더니 친구 앞에서 엉거주춤 옷을 벗더란다. 혹시 소변 실수를 해서 갈아입으려는 줄 알았는데, 나중에 그곳 직원의 말에 의하면 시도때도 없이 아무 데서나 벗으려고 하신단다. 그것도 치매의 한 양상이라고 하면서 '이젠 자기도 몰라보더라.'며 울먹거린다.

오랜 요양원 생활을 하다 보니 국가에서 80%를 지원한다고 하지만 매월 내는 돈도 만만찮아 시누이 입장에서는 올케언니들 눈치 보인다며 '동네에 큰길 생기면서 좋아진 그 밭 줄 땐 좋아하더니….' 혼잣말을 하다가 말문을 닫는다. 하긴 이게 몇 년째이고 앞으로 언제까지인지 아무도 모르는 일이기에 더욱 속상한가 보다.

얼추 한 시간 가까이 차를 몰고 도착한 곳엔 희뿌옇게 어둠이 걷히고 있었다. 주차하고 모퉁이를 막 돌아서는데 언제 컴컴한 새벽을 열었는지 차들이 즐비하게 주차해 있었다. 우리처럼 고사리를 꺾으러 온 차들이다.

공손히 허리 굽혀 절 한 번 하여 손 내미니 자연은 정직하게 고사리 하나를 건넨다. 원체 넓은 곶자왈[1]을 끼고 있어서인지 처음엔 사람 하나에 고사리 하나처럼 보이더니 시야는 안개로 뿌옇다. 두어 시간 지나자 간단히 준비해 온 참을 꺼내 먹고 엇비슷하게 너덧 뼘 정도씩 꺾어 온 고사리를 비닐봉지에 담았다. 왁자하게 시끄러웠을 것을 우스개처럼 내뱉은 친구의 걱정스러운 말 때문일까, 자욱한 안개 속 아침 날씨처럼 분위기가 축축하게 젖어 가라앉았다.

찔레꽃이 하얗게 필 때쯤이면 고사리도 제철이라는 말이 있다. 엇나며 돋은 찔레 가시만 모자며 윗옷, 바지를 긁으며 잡아당길 뿐 꽃은 아직 이른 것이 고사리도 제철은 아닌

1) 곶자왈은 화산이 분출할 때 나무와 덩굴식물, 양치류 식물 등이 뒤섞여 숲을 이룬 곳으로 '돌 위에 자란 숲'이란 뜻의 제주 고유어이다.

가 보다. 사방이 안개로 가시거리가 10여 미터나 될까.

돌아서 보면 거기가 거기인 것 같고, 안개는 사위를 짐작하기도 어렵게 방향 감각마저 마비시켰다. 마음이 무거우니 몸도 무거운 것일 까. 친구의 말에 엇비슷한 연세의 부모님을 둔 친구들이 아무도 내색은 하지 않으나 내 이야기인 양 감정은 착잡하게 깊이로 잦아든다.

차 한 잔씩 나누는데, 감정의 무게 때문인지 안개비를 맞으니 춥다며 그만 가자는 말에 모두 그러자는 분위기다. 돌아오는 길에 친구의 아버지가 계시는 곳을 방문하기로 했다.

챙겨 온 여벌옷으로 대충 갈아입고 가는 길에 동네 마트에 들러 아버지 간식거리를 샀다. 딸도 몰라보는데 몇 번 인사 나눈 친구를 알 리가 없다. 인사하며 맞잡는 손으로 거친 바다를 삶의 터전으로 삼았던 친구 아버지의 손등에서, 거북등 같은 둔탁함이 전해 온다. '이게 뭐냐?'며 침상에서 한쪽 다리를 침대 난간에 올렸다 내렸다 재미 삼아 하는 아버지의 허리춤에서 고무줄 바지가 내려오는 것을 본 친구가 속상해 한다.

바지를 추켜올려 입히며 '어머니 보고 싶지 않으냐'고 친구는 딱히 아버지를 향한 말인지 혼잣말인지 모호한 말을 뱉어낸다. 그 목소리는 갈라지고 끝은 흐리다. 애써 숨기려던 감정은 아버지의 입가에 붙은 이물질을 떼어 내며 허리를 굽히는 순간, 눈물방울이 아주 정직하게 친구의 뺨 위로 번져 흐르며 그 자리가 순수로 반짝인다.

현관문을 나서며 얼른 시선을 거두지 못하여 반복하며 돌아서는 곳, 별 의미 없이 뱉어냈던 '천년만년 살고지고….' 그 마지막 말줄임표를 아무도 더는 잇지 못했다. 이어 안개 속에서 고사리 찾아 헤맬 때처럼 하마 나를 잃어버릴 것 같은 혼돈으로 빠져들고 있었다.

또 다른 나의 앞날일지도 모르는 무진霧震, 그 속으로.

궤櫃

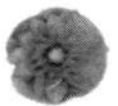

낮에 설핏, 여우 잠을 잔 탓일까. 시간이 이슥히 자리하였는데 정신은 말똥거린다. 굳이 일어나 치우고 말고 할 것은 없어도 멀리 달아난 잠을 잡으려 애쓰느니 일어나 앉았다. 책을 설렁설렁 뒤적거리다 도로 덮었다.

전에도 '옷들이나 정리할까?' 하다가 '계절이 오가는 길목인데 다 그렇겠지 뭐.' 하며 적당히 미루고 있었다. 이곳저곳에 편하게 옷들을 담아 두었다. 아닌 게 아니라 옷도 그냥 두기는 두터워 보였다. 정리하여 장롱에 담아 두었다가 또 꺼낸다는 것도 번거로워 어정쩡하게 손쉬운 서랍장에 가볍게 넣다 보니 그곳도 만만찮다.

방 네 개의 면마다 출입문 쪽을 빼고 궤 세 개가 하나씩 자리해 있다. 민구류를 좋아하는 취향이 이렇게 저렇게 방안으로 끌어들여 자리를 내어 준 것이다. 각각의 궤마다 엇비슷하면서도 모양 또한 제각각인 것에 자물쇠를 구하여 거기에 맞는 열쇠들도 한데 엮어 꾸러미를 만들어 놓았다. 그걸 꺼내어 여닫을 때마다 매듭 끈에 밴 손때가 이것들의 연륜을 말한다.

멋 내느라 걸쇠마다 나비 문양이며, 원앙 · 십장생 · 문양 등 색깔 화려한 예쁜 매듭도 하나씩 매달아 놨다. 이렇게 저렇게 재단하여 작게 만든 궤들이 아니라, 있는 그대로의 모습이다. 안방에 놓기는 벌레가 가끔 그걸 갉았고 장식도 헐었지만, 그 모습 그대로가 훨씬 정감이 간다.

친정어머니가 돌아가고 며칠 후, 어머니의 머리맡에 놓였던 궤를 열어 보았다. 그 속엔 생전에 당신이 썼던 흰색 모시 저고리며, 노란색 베치마, 광목천을 하얗게 햇볕에 바래어 만들어 놓은 버선과 그걸 만들 때 썼던, 누런 색 기름종이로 된 버선 본 등이 들어 있었다. 내 유년의 끝자락 언저리쯤에서 뒤척이다 들었던 허밍으로 나지막이 부르던 어머니의 고운 음색이 가슴 속 깊이 잠들어 있다가 팔랑거리며 감정을 싸하니 뒤흔들어 놓는다. 딸한테만 4대째 대물

림되는 물건이다. 재목材木이 무엇인지는 모르겠다. 다만 내가 가진 일곱 개의 궤 중에서 가장 짱짱하다. 녹도 없고 장석裝錫들도 손때가 묻었을 뿐 깨끗하다. 어머니는 “이건 네 것이다.”라고 생전에 그리 말을 했다.

어머니의 할머니 대代에는 돈궤로 쓰이던 것이 그 어머니 대에선 책궤로 쓰임이 바뀌었다. 어머니 대에선 다시 옷궤로, 내 손에 들어오면서 마땅히 담아 놓을 돈도, 책도 지금의 정서로 웃기는 일인 것 같고, 해서 어머니처럼 나도 옷을 담아 넣었다. 철철이 바뀌는 계절에 가장 처음 입을 수 있는 옷들만 골라 담아 넣는다. 그렇게라도 해야 내 손에서 할 수 있는 선대先代에 대한 기본적인 예禮인 듯한 마음에서다.

돈만 있으면 무엇이든 갖고자 하는 대로 가질 수 있게 널려 있는 화려한 물건들 앞에서 썩 내세울 것도 없고, 색감마저 우중충한 궤 하나가 무슨 큰 의미가 있으랴 싶지만, 그래도 4대째 대물림되는 물건이 어디 흔하겠느냐 하는 생각이 더 크게 작용하였다.

당신들 다음 세대의 손손孫孫에게 그 정과 혼이 행여 이 물건에도 고스란히 녹아드는 것이 아닐까 싶은 생각이 들었다. 윗대 할머니들이 아꼈던 물건에 깃든 삶에 조금이나마 일체성을 느끼고 싶은 마음의 발로였을까. 자물쇠 채우는 걸쇠에다 오래전에 마련해 두었던 금 한 냥에, 십장생 문양을 칠보 입혀 거기에 기다랗게 고운 술로 매듭 엮어 만든 예쁜 노리개를 매달아 놓았다. 부자가 되어 돈궤로 쓰이지 못하는 미안한 마음에서다.

그 옆에는 손만 뻗으면 꺼내어 읽을 수 있게 아끼는 책 몇 권을 올려놓았다. 다음 할머니 대에 책을 넣고 쓰셨다는데 비록 규중칠우서가 아니면 어떠리. 마음과 시간 다스림이야 방법적인 문제일 뿐이란 다분히 자위적 생각에서다. 어쩌면 하찮아 보여도 면면히 이어 오고, 또 이어 갈 그 정신을 엮어 닮고자 하는, 일말의 선대에 대한 일정 부분 의무감의 발로인지도 모르겠다.

어・머・니!

가슴 저리는 이 세 음절에서 얼굴도 모르는 선대의 어른들 감정까지 덧대어져서일까. 콧날이 시큰해 온다. 내 어릴 적 어머니는 햇볕 좋은 날 울 넓은 마당에서 바지랑대 높이 걸어 이불 홑청이며, 베갯잇을 잿물에 삶아 바랜 후 물로 풀질하여 다시 내 널었다.

훗날 내가 시집올 때, 어머니는 비단 천 하나에 세 가지 색실로 짜였다 하여 붙여진 이름도 고운 삼색단으로 이불을 만들어 주었다. 지금도 내 방 이불장 맨 아랫단에는 붉은 색감의 이불과 푸르다 지쳐 쪽빛이 도는 요 한 채가 화려함 그대로 그 색감을 유지하며 개킨 채 놓여 있다.

세월 속에 녹인 삶의 한 가닥을 네 여인의 아끼며 쓴 흔적이 고스란히 이어지면서 '현실'이란 시공에서 주춤거린다. 아쉬운 대로 궤가 크지 않으니 돈을 담으면 담을 수 있을 듯하고, 책을 담아도 담을 수 있을 것 같다. 덧붙여 이렇게 이어지는 마음까지도 말이다.

딸을 두지 못한 탓에 담은 후, 다음에 내어 줄 한 사람을 찾지 못하는 대목에서 생각은 주춤거리고 평정을 잃는다. 시간을 저울질 못 하여 말똥대며 흘려보내는 이 밤의 기운처럼.

낭패

낭패狼狽는 전설 속에 나오는 동물 이름이라 한다. 이리 '낭狼'자에 이리 '패狽'자를 써서 낭패라 하는데 모두 이리를 뜻하는 말이다. 낭은 앞발이 길고 뒷발은 짧은데 패란 짐승은 앞발은 짧지만 뒷발이 길다. 낭은 패 없이는 서지 못하고, 패는 낭 없이는 가지 못한다. 패가 낭을 잃으면 움직일 수 없다고 한다. 꾀가 부족한 대신 용맹한 낭과, 꾀가 있는 대신 겁쟁이인 패가 호흡이 맞을 때는 괜찮다가도, 서로 다투기라도 하는 날에는 이만저만 문제가 큰 것이 아니다. 이같이 낭과 패가 서로 떨어져서 아무 일도 못 하게 되는 경우에 우린 흔히 낭패라 말한다.

욕실로 들어간 시간이 언제인데 나올 생각을 하지 않는

다. 닫힌 문밖으로는 물 흐르는 소리가 계속 이어진다. 잠시 후 바삐 돌아가는 환풍기에도 불구하고 훅하고 더운 열기와 함께 아들이 나왔다. 기다리느라 나도 몰래 벼르고 있었던 것일까.

셋이 살면서 온수 좀 아껴 쓰라고 하는데, 목소리가 짧고 단호해서인지 욕실 안 타일에 '탱'하고 부딪히며 튕겨 나갔다. 이어 이렇게 아끼지 않으려거든 다음 달부터 가스비 내라는 말까지 보태어졌다. 아들은 아무렇지도 않게 그러겠노라며 수건을 짧은 머리에 갖다 털어내며 대답했다. 돈 내라는 말을 하려 했던 것은 아니었는데 뜻밖에 뭔가 쉽게 얻어낸 기분이다. 대충 씻고 나와 준비했다.

외며느리로 사는 친구네 집안어른 기일이라 제물 준비를 도와주러 가기로 한 날이다. 도착하자 친구는 주방에서 이것저것 재료를 씻고 꺼내며 준비하고 있었다. 마련된 재료로 적이며 전을 부쳐 팬에서 익은 것은 건져 내어 커다란 대소쿠리에 식히느라 널어놓았다. 불을 조절해 가며 지지고, 굽고, 쪄내느라 분주하다. 자칭 살림꾼이라는 여인 셋이 앉으니 눈으로 대충 재료만 훑어도 무슨 음식인지, 어떻게 만들었는지 알아서 척척 움직인다. 무엇보다 이 집이나 저

집, 진설하는 제사 음식 종류가 얼추 비슷하니 더 그렇기도 하다.

우리 세 여인은 시대가 좋아졌다는 이야기를 하며 맞장구를 쳤다. 어머니 세대에는 아궁이에 불 때 가면서 송편도 빚고, 시루떡도 다 쪄냈다고 하자 누가 먼저랄 것 없이 그랬다며 입을 모은다. 어디 그뿐일까. 어머니는 집안 어른 기일이 다가오면 며칠 전부터 땔감이며, 항아리에 물을 채워 놓는 것도 큰일이었다고 덧붙였다. 전을 곱게 부쳐 늘 전을 담당하는 한 친구는 '먹을 것이 귀하던 어린 시절엔 떡 하나 얻어먹을 욕심에 제사 퇴물 갖고 온 친구 책가방을 학교까지 들어다 줬다.'고 말한다. 친구가 말을 이었다. 이젠 먹을 것을 많이 만들어 놓아도 잘 먹지 않고 굴리다 결국은 버리게 된다고 말하자 비슷한 상황들인지 그렇다고 응수한다. 부지런히 놀리는 그 손끝에 추억 한 조각도 같이 익어갔다.

요즘은 제사를 당일에 모시고 더러 할머니, 할아버지 기일도 한날에 합제하는 집안이 늘어나 간소화되는 분위기다. 지금도 이러는데 아이들 세대에는 어떻게 제사 문화가 바뀔지 은근히 걱정된다. 걱정해 봤자 아무 소용도 없는 줄 알지만 적이 걱정된다고 하자 서로 두리번거리는 품새가 말만 아끼고 있을 뿐 얼추 생각은 비슷한 모양이다.

생전에 좋아하는 음식을 제사상에 올리고 파제 후 식구들이 맛있게 음복하면 그게 좋은 것이 아니냐고 되묻던 아들이 생각난다. 엄마가 나중에 돌아가시면 생선회나 초밥, 좋아하는 허브 맛 치킨을 올리겠노라고 한다. 커피도 같이 올리겠다는 말을 덧붙였다. 내심 싫지 않은 제안이다.

며칠 후 친구들과 만난 자리에서, 지난 명절 후 남은 음식이 아까워 먹으라 하니 우리 아이가 이러저러하더라고 있었던 이야기를 했다. 한 친구가 그건 양호한 것이라는 말로 못 박은 뒤, 말을 이었다.

"우리 아들은 엄마 아빠 돌아가시면 상에 신용카드 올릴 테니 드시고 싶거나 사고 싶은 것이 있거든 마음대로 사 쓰고 가시라."고 말하더란다.

웃겨서 웃었고, 어이없어 웃었고, 기발해서 웃었다.

길게 이어지는 명절 낀 연휴를 보며 명절에 대한 생각보다, 오랜만에 맞는 긴 연휴에 여행지를 셈하며 고민하는 주변 사람들을 본다. 주변의 그런 말을 마치기 무섭게 우리도 그렇게 하자는 아들들을 보며 세태구나 생각했다. 이런 이야기를 공자님께서 듣는다면 뭐라 하실까.

부모님 살아 계실 제 섬기기를 다하지 못한 아쉬움과 보은의 가르침에 대한 도전이라 생각하다 낭패라 하실까. 어쩌면 시류에 맞춰 살아야 하는 것도 삶의 지혜라며 한 발 양보하실지도 모를 일이다.

낭과 패의 조화가 혹여 조상 없는 자손과 자손 없는 조상에 대응하는 상관관계의 의미로 대비해 보겠다면, 이 또한 불효막심이고 배은망덕이라며 맞서실까.

내 나이가 어때서

현란한 조명은 무대 위아래를 가득 채우고도 넘친다. 티브이 화면은 시신경만 자극하는 것이 아니라 정신세계마저 뒤섞어 놓을 듯 번쩍였다. 커다란 모니터 앞에 서 있다가 빛의 기운에 내 눈이 지쳤던 걸까. 잠시 감았다 다시 떴다. 무대에 출연한 대여섯 살 아이는 똥머리 모양으로 한껏 멋을 냈다. 입고 나온 의상 역시 멋 내느라 불씨가 닿기만 하면 화르르 타 버릴 것 같은 폭넓은 흰색 드레스 차림이 앙증맞다. 조명발에 율동감까지 더해져 '아이가 맞나?' 할 정도다.

사랑하기 딱 좋은 나이라 외쳐대는 '딱'이란 대목에서 손과 발의 동작이 일시에 한 방향을 찍는다. 그 나이가 사랑하기 좋은 나이임을 몸의 언어로 강조한다. 소리를 뒤로하며 잠시 후 이어질 프로그램을 준비 해야 하기 때문에 생활실 티브이를 껐다.

요즘은 재능기부란 말을 많이 쓴다. 아닌 게 아니라 내가 몸담은 이곳 노인시설만 해도 그렇다. 전에는 봉사하러 오는 사람들이 일상생활에 필요한 생활용품을 십시일반 모아 사 오거나, 무엇이 필요한지 잘 몰라 그냥 왔다며 현금으로 후원을 많이 했다. 그러던 것이 요즘은 봉사에 참여하는 연령층만큼이나 그 양태가 다양하다.

일부 노래 잘 부르는 이들, 춤 잘 추는 이들, 마사지를 배웠다며 각기 익힌 재능을 나눈다. 어르신들과 즐겁게 나누며 그 재능을 기부하는 것이다. 젊은 분들도 노인시설인 만큼 몸 상태와 관계없이 천천히 그 눈높이를 맞추며 율동을 하는 양이 신선하기까지 하다. 젊은 사람들만이 아니다. 연로한 분들도 나름의 재능을 익혀 끼리끼리 공연하는 그 열정에 나이는 숫자에 불과하다는 생각을 한다.

프랑스 어느 작가가 재미있게 쓴 글을 읽은 기억이 난다. 두 살 때는 똥오줌을 가리는 것이 자랑거리고, 세 살 때는 이가 대여섯 개 나 있는 것이 자랑거리이고, 역으로 여든엔 치아가 대여섯 개 남아 있는 것이 자랑거리며, 여든다섯엔 똥오줌 가릴 수 있는 것이 자랑거리라 했다. 동서문화의 충돌에서 정서가 조금씩 다르긴 하겠지만, 처음에 이 글을 대하며 웃다가 이내 표정은 경직되어 갔다.

결국 인생이란 너나 없이 대소변을 가리는 것으로부터 시작하여 내 스스로 그걸 가릴 수 없는 삶을 살다 마무리하게 된다는 것이다. 별것 아닌 것처럼 느껴지고, 이런 하찮아 보이는 일상도 어느 순간 그 누군가의 간절한 소망이고 희망 사항일 수도 있겠다는 생각을 했다. 그 누군가라는 범주에서 나 역시 자유로울 수 없다는 불안감을 거두어 내지 못했다.

누구에게든 거의 비슷하게 이런 경로를 타고 흘러갈 삶인데 똥머리 앙증맞은 꼬마의 노래 속 분위기에 잠시 가져본 반감이 외려 시비로 작용되는 것은 아닐까. 유행이 무섭긴 무서운가 보다. 프로그램에 참여한 분들 중에도 노인시설이기에 선곡하느라 더 애쓰긴 했겠지만 〈내 나이가 어때서〉를 준비해 왔다. 반주에 맞추어 부르는 노랫소리는 부르는 이나 듣는 이 누구든, 나이에 대하여 시비를 걸기만 하면 한 주먹 날릴 것 같은 기세로 나이를 묻지 말라 한다.

얼핏 본 눈썰미로 이순을 넘겼을까. 몇 년 더 앞서 삶을 사는 어른들 앞에서 이곳 생활자와는 사뭇 다른 건강함으로 내 나이가 어떠냐며 목울대는 버거운 높이의 음을 간당간당 넘긴다.

허우대 좋고 넉살까지 더한 진행자는 각자 자리에 앉아 있는 생활자들을 흥겹게 하려 손뼉으로 합창을 유도한다. 세월 속에 이미 기운이 쇠한 후라 그럴까. 손뼉은 치고 있으나 엉성한 손가락 사이로 소리는 빠져 나가고, 따라 부르느라 오물거리듯 입술과 헐렁한 이 사이로 입 모양만이 내 나이가 어떠냐고 묻고 있다.

성능 좋은 무선 마이크에선 소리를 크게 증폭시키며 강한 긍정은 또 다른 부정을 확인이라도 하듯, 이곳저곳으로 노랫소리를 실어 나르기 바쁘다. 최고급 난방기기 작동에도 늘 춥다는 백발성성한 할머니의 모습 위로도 노랫가락은 너울을 탄다. 이내 노랫소리는 그녀의 눌러쓴 털모자 속으로 파고들며 '내 나이가 어떠냐?'고 묻다가 지친 몸 뉜다.

네 잎 클로버

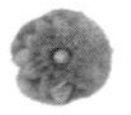

온통 녹색인 들판. 흔히 토끼풀이라 불리며 아무 데나 널려 있는 이 식물의 원산지는 유럽이며, 아일랜드 국화이다. 1900년 초에 우리나라에 들어왔다는 말이 있는 것을 보면 생각보다 그리 오래되지는 않은 모양이다.

내 유년 시절, 잎이 네 개짜리 찾으면 재수가 좋다는 말에 넓은 운동장 한 모퉁이 풀밭을 얼마나 누볐던가. 운이라 하고 재수라 말하는 것이 그 나이에 좋으면 얼마나 좋았으랴만 봉숭아, 무궁화, 개나리, 나팔꽃 이런 이름을 가진 꽃 외에, '클로버'라는 이상한 이름을 가진 것이 있다는 것도 그때 알았다. 외래어라 당시 그것도 몇 번을 되새김질하며 외워 익힌 말이다.

옛날 나폴레옹이 전쟁 중 네 잎 클로버를 보고 신기해 뜯으려고 허리를 굽히는 순간, 적이 그를 겨냥해 쏜 총탄을 피할 수 있었다는 데서 '행운'이란 꽃말이 유래했단다. 네 잎인 줄 알고 기뻐 뜯어 보면 세 잎이라 속상해 며칠을 연이어 풀밭을 헤집었다. 하루는 클로버를 찾지 못해 애쓰던 중 앵앵거리는 벌 소리에 고개를 돌렸더니 지천으로 흰 꽃이 피어 있었다. 어머니가 장볼 때나, 마실 다닐 때만 멋내며 들고 다니던 '강오'라는 이름을 가진 가방을 가져다 온통 그 흰 꽃들을 따 담았다. 재수 좋다는 네 잎 클로버를 찾지 못한 분풀이라도 하듯 꽃을 땄다.

밤늦게까지 그걸 길게 엮어 목걸이도 만들어 걸고, 짧게 이어 손목에도 껴 보고, 머리핀에 매달아 머리에 꽂기도 했다. 움직일 때마다 달랑달랑 움직이는 모양을 거울에 비춰 보며 옛날이야기 중 유일하게 알고 있는 평강공주라도 된 듯 묘한 나르시시즘도 느꼈었다. 그 며칠 동안 내 일상은 온통 꽃밭이었다. 연일 네 잎 클로버를 찾아 내 일상에 어떤 것이 행운이었는지 알지도 못한 채 이후 찾은 것들 하나하나 책갈피에도 넣고, 수첩 사이에도, 손수건 사이에도 끼워 넣었었다.

돌아오는 내 생일엔 찬밥 안 먹고 꼭 새 밥을 지어 먹겠노라 몇 년을 다짐했다. 별로 중요하지도 않고 어렵지도 않은 일임에도 어느 한 해 그 다짐을 실행해 본 적이 없다. 굳이 하겠다면 못 할 일도 아니건만 늘 다짐으로만 거듭될 뿐이다.

제를 파한 아침. 초저녁에 진설하여 9시께 제를 모신 후 파제를 하는 것이 요즘 대세인데, 우리도 그리하자는 말에 당분간 이대로 하자며 한 아들이 고집한다. 제사 마친 다음날이 공교롭게 내 생일이다. 대충 정리하고 자리에 누워도 새벽 두 시니 잠시 눈 붙였다 떠, 그릇 정리하고 널려진 음식들 보관할 자리로 놓은 후 당당거리며 다시 출근한다. 다른 날도 아니고 생일을 늘 그렇게 보내왔다. '이 웬수들, 지애비나 새끼들이나 다 한통속이니….' 속으로 싸잡아 뇌여 본 것이 몇 번이었는지 모른다. 시간이 없어서, 때로는 이따 밥해 먹겠다고 벼르다 '제사 치른 음식도 저렇게 많은데 또 밥을 하면….' 하는 생각에 단 한 번도 실행하지 못했다.

그해 겨울 아침. 동생이 꽃 한 다발을 사 들고 누나 생일이라고 현관문을 열며 "매형은…?" 하고 묻는데 "형수님!"

하며 물음에 답이라도 하듯 시동생의 외마디 소리가 공기의 흐름마저 들릴 것 같던 집안의 고요를 찢었다.

부부라는 이름으로 같이했던 삶. 영영 외롭고 긴 이별은 그 소리로 시작을 알렸다. 약속한 사람. 그렇게 오래도록 아프며 힘겹게 버티더니, 떠날 날이 그리도 없어 내 생일 아침을 택했더란 말인가.

몇 년을 운이 없다고, 하필이면 왜 내 생일날 떠나야 되었냐고 혼자 숱하게 의문을 날렸다. 의문의 크기는 보고픈 마음만 증폭시키고, 헛도는 그리움은 부메랑이 되어 깊이로 재워둔 마음만 휘저어 놓기를 얼마나 반복해 내었는지 모른다.

생각이 행동을 낳는다는 말이 맞다. 아이들이 자라 큰애가 군 입대했다가 휴가 오던 날, 생각을 바꾸는 계기가 되었다. 큰애가 중학교 3학년이던 그해, 남편이 떠난 이후 어느 한 해도 두 아들을 내 생일 아침에 못 본 날이 없다. 군 생활하느라 묶인 몸이지만 내 생일이라 휴가 온 것이 아니고 저들 아빠 기일이라서 꼬박꼬박 때맞추어 휴가 나와 제를 모시는 것이다. 그러고 보니 앞으로 어느 한 해 내 생일날 배곯아야 될 일 또한 없겠다는 생각을 했다.

언젠가 인터넷을 헤집고 다니다 네 잎 클로버가 '행운'이라는 꽃말을 가졌고 세 잎의 꽃말은 '행복'이라는 글을 읽은 기억이 난다. 찾지 못하는 그 하나의 네 잎 클로버를 찾기 위해 얼마나 많은 세 잎 클로버가 발 아래서 짓밟혔을까. 갖지 못한 하나를 찾아 나를 소진시키느니, 내가 쥐려 마음만 먹으면 쥘 수 있는 많은 행복을 내 삶 속에 담아 봐야겠다. 오랫동안 갖지 못한 하나에 얽매어 가질 수 있었던, 가지고 있어도 행복한 줄 모른 채 보낸 시간들 앞에 서서 나를 낮춰 본다.

대단한 비밀이라도 간직한 양 대나무밭에서 '임금님 귀는 당나귀 귀' 하며 외쳐대듯 허공에 손나팔을 만들어 불어 보았다. '대한민국에서 아들 군대 보낸 엄마들 중 자기생일날마다 꼬박꼬박 두 아들 얼굴 보며 아침상을 마주하는 사람 있으면 나와 보라'고 말이다.

흩어진 채 널려 있어 관심도, 눈길도 한번 닿지 않던 곳에 자리했던 행복을 하나씩 줍기 시작했고, 내 마음 가득 행복 나팔 소리도 바쁘게 담아 본다.

여름, 그 꽃자리

덜컹거리는 시골길. '생거진천 사거용인生居鎭川 死居龍仁'이라 한다고 했던가. 바퀴 자국 따라 부옇게 흙먼지를 일으키며 얼마나 올라왔을까. 시야에 펼쳐지는 곳은 충북 진천 연곡리라는 마을이다. 온통 푸르름은 커다란 연잎을 펼쳐 펜스라도 쳐 놓은 듯 산자락을 겹겹이 빙 두르며 에워쌌다. 그 중앙으로 얌전히 꽃술처럼 앉은 높다란 목조 건물.

몇 개의 대리석 돌계단을 밟고 일주문을 들어서는데 문지방이 예사롭지 않다. 기다랗게 위는 평평한데 아래로 온통 휜 커다란 통나무가 위엄을 느끼게 한다. 넘어서자 양쪽엔 사천왕상이 큰 눈을 부릅뜨고 악기인 듯, 무기인 듯 손에 든 모습에 위압감이라도 들었음일까. 얼른 머리 조아려

일 배를 올리는 순간 숨소리마저 멎는다. 고개를 들었더니 하늘과 맞닿게 휜히 트인 곳에 자리한 커다란 삼층 목조로 이룬 사찰 안 목탑은 하늘로 우뚝 솟아오른 형상이다.

경내로 들어서자 야생화가 곳곳에 제 목소리로 멋에 겨워 무리를 이루며 수런거리고 있었다. 커다란 바위 위에 온통 납작 엎드린 돌나물. 가느다랗게 생긴 꽃대는 길 대로 길어 바람이 훅하고 불어오면 그냥 꺾일 듯 무리 져 피어 있다. 큰 키를 서로에 의지한 모습인, 이름도 생소한 해오라기난. 졸졸 흐르는 약수터 앞에 대롱대롱 걸린 물바가지 사이로 껑충 서 있는 노란색의 코스모스는 달빛코스모스란 이름표를 달고 있었다. 하늘하늘한 꽃잎은 그러고 보니 흡사 달빛을 닮았다.

백합처럼 큰 키에 끝이 노란 꽃 몇 개가 나란히 질투하듯 자태를 뽐내고 있는 양에 절로 웃음 지으며 바라봤는데 귀부인나리. 아, 그럼 나리꽃? 꽃 이름이 '귀부인나리'란다. 이쪽으로 큰 바위를 벗삼아 핀 꽃은 보련산꼬리풀이다. 어디서 이런 고운 이름들을 따 왔을까. 동물의 꼬리처럼 생긴 보라색 꽃이 기다란 키를 따라 종종이 붙어 있다. 이곳 비구니 스님이 경내를 온통 야생화로 심어 가꾸어 놓았다고 했다.

삼층 목탑은 못을 하나도 사용하지 않고 지었다는 것으로 유명한 곳이라 한다. 그도 그럴 것이 오종종히 백자단지가 건축물 가장자리로 줄지어 생경한 모습으로 앉아 있었다. 쇠못이 아닌 나무못을 사용하였기에 비에 젖어 썩지 말라고 덮은 단지라고 설명한다.

대웅전 넓은 법당 안. 정갈함이 한눈에 들어왔다. 중앙의 신주 안에는 부처님 사리를 봉안하였고 돌아가며 네 부처님을 모셨다 했다. 까불거리느라 바빴던 방금 전의 내 모습과는 달리 법당이라는 공간은 사람을 급히 변신시켰다.

합장하고 삼배 올린 후 빙 둘러보는데 뒤쪽 넓은 곳에 중생의 질병을 치료하고 재앙에서 구원해 준다는 약사여래상이 모셔져 있었다. 그 앞으로 커다란 제기 위엔 여기저기 온통 수박들이 놓여 있다. 아예 수박밭을 통째로 옮겨 놓은 듯 이색적인 광경에 의아했다. 나중에 안 일이지만 석가탄신일에 올린 수박은 근 육칠 개월 동짓날까지 썩지 않고 그대로 있어서 팥죽과 함께 그 맛을 볼 수 있다는 설명이다. 보관해 두는 것도 예사롭지 않거니와 수박줄은 다 말라 떨어져도 그때까지 맛이 보존된다는 그 신비스러움은 어떻게 설명이 될까. 몸이 아픈 많은 이들이 여기를 찾는 이유란다.

안으로 이어지는 나무 계단은 양쪽으로 대칭을 이루며 위치해 이층으로 올라갈 수 있게 되어 있었다. 법당 단청의 법보전이라 하였다. 반질반질하니 티 하나 없다. 꽃 창살로 곱게 각을 이루며 만들어진 법당 안에는 윤장대輪藏臺가 중심에 있었다. 나무 계단을 밟고 삼층으로 오르자 약간의 크기만 다를 뿐 미륵불상이 모셔진 미륵전이나온다. 삼배를 올린 후 내려오려고 주변을 둘러보았다. 난간 위로 햇볕은 따갑고 눈이 시리게 밝아 손차양하고 이어지는 연곡리 마을을 내려다보았다. 온통 여름의 녹음은 처처에 밟히며 깊은 음양을 드리우고 있었다.

내려와 보니 경내 적조전에는 커다란 금빛 와불상이 모셔져 있다. 지그시 감은 눈은 또 지친 중생의 삶을 금방이라도 어루만져 줄 것만 같았다. 와불의 바라볼 수 있는 각도를 어림잡아 보는데, 헉! 온 세상을 두루두루 살핌인가. 사바가 발 아래다.

몇 걸음 내딛자 북이 있는 법고각과 종이 걸린 범종각 앞 소나무에 걸린 색깔 고운 연등이 바람결에 나부낀다. 흔들림 속으로 연등을 달며 소원했을 많은 이들의 마음도 와불의 옮은 미소와 내통함이리. 그 은밀함 속으로 소원은 깊이로 스며들고 이내 배어 나와 간절함이 이루어진 것일까. 문득 아까 법당에 들어서며 합장 후 소원을 적어 올린 연등에 담은 기도를 뇌어 보았다. 바람결 무심 속에서 소원이 깃들었음인지 바라보는 곳으로 편안함도 함께 잦아든다.

고려 때 큰 절터였는데 불사를 시작할 때 발견되어 보물로 지정되었다는 연곡리 석비. 높이가 무려 3.6미터나 되는 큰 비석은 머리 부분을 빼고는 형태는 모두 온전한데, 비의 몸체에는 글자가 한 자도 없는 '백비白碑'였다. 글은 아득한 시간이 일렁이는 풍파 속에서 지워진 것일까. 처마 밑 산사의 풍경 소리에 재재거리던 산새 뽀르르 흩어진다. 혼자 마음속 깊이 원을 세워 글을 새겨 보았다.

털고 일어서서 나오는 길 사찰 앞. 300여 년의 세월을 마주하고 있다는 아름드리 느티나무는 그늘을 길게 눕혀 오가는 이들을 붙잡고 잠시 쉬라 한다. 내려다보이는 곳의 울창한 숲 속으로 햇볕도 숨죽인 자리에 산 그림자 길게 드리웠다. 진천 연곡리 산사의 하루도 이울어 가고 우리 일행은 시간을 앞세워 걸음을 옮겼다.

그 길
위에서
3부

여정, 그 첫날

잠을 설쳤다. 자는 둥 마는 둥 뒤척이다 시간을 보니 새벽 네 시 반. 집을 비운다는 생각과 말도 통하지 않는 낯선 곳에 간다는 불안 때문일까. 공연히 잘 챙겨 둔 가방을 혹시나 하는 마음에 다시 열어 확인했다. 그냥 두었으면 될 일을 조바심에 빼내었다가 깜빡 잊고 뒹구는 여권 복사본을 집어 크로스 가방 깊숙이 담았다. 여섯 시 삼십 분 출발이니 지금 나가야 할 시간이다.

공항 로비엔 이른 아침인데도 사람들로 붐볐다. 일행을 만나 커피 한 잔씩 마신 후 인천으로 향했다. 공항에 도착하여 예매해 둔 항공권에 좌석을 지정하여 발권 후 '보름 정도는 한국식 먹지 못할 수 있다.'는 말에 한식을 아침으로 해결하기로 했다. 영 못 먹을 사람들처럼 다들 게걸스럽게 먹었다. 탑승 절차를 마치고 배정된 좌석에 앉아 이것저것 항공사 잡지를 뒤적거리기도 하고, 눈앞에 걸린 모니터에서 영화도 한 편 골라 보며 꽤 시간을 보낸 것 같은데 겨우 6시간 지났다. 족히 온 시간만큼 더 가야 목적지에 도착하게 된다.

떠날 계획을 세우고, 준비물을 챙기며, 여행지의 정보를 검색하느라 달떴던 마음은 사리지고 기내 좌석의 좁은 공간과 11시간이란 긴 비행시간 탓인지 피곤이 엄습해 왔다. 한 동작으로 오랜 시간을 견디느라 다리는 저리고, 허리는 욱신거리고, 온몸이 힘들었다. 그나마 기내식으로 제공된 두 끼의 식사가 이벤트 행사처럼 짧은 즐거움으로 다가왔다. 앙증맞은 식기에 양은 손바닥보다 조금 크나마나한데 칼로리는 큰 대접에 제공되는 열량을 다 채웠음인지 속이 든든하다.

긴 비행을 마치고 목적지인 프랑크푸르트 공항에 도착했다. 우리와 7시간의 시차, 그리고 얼추 한 달 정도의 기온 차를 보인다고 했다. 춥겠거니 생각했는데 우리의 계절이나 이곳 계절이 별반 다르지 않았다. 하늘은 맑고 공기는 내가 사는 제주도의 그 공기 맛을 가져다 놓은 듯 상쾌했다.

버스로 대략 네 시간 반 정도 이동한다고 가이드가 설명하면서 간단히 숙지사항을 전달했다. 이곳은 우리나라와 달리 운행 몇 시간에 한 번씩 기본적으로 기사 휴식시간이 법으로 정해져 있다는 것이다. 그리고 화장실을 가고 싶다고 하여 마음대로 내려 달라는 요구도 허용하지 않는다는 말을 덧붙인다.

사람 마음이 참 묘하다. 화장실을 두 시간에 한 번씩 갈 일도 아니면서 '가면 안 된다.'는 단서가 붙자 갑자기 불안해졌다. 내심 '그럼 어떻게 하느냐?'는 생각에 서로 두리번거리며 의아해 했다. 가이드는 도중에 휴게소가 있는데 거기서 필요한 물건을 사거나 화장실에 갈 수 있다고 설명한다. 이어 거기에서는 물도 화장실도 대부분이 유료라는 말을 덧붙였다. 일행은 서로 마주보며 뜨악했다. 익숙지 않은 그곳 문화에 마주한 그 눈빛은 '뭐 이렇게 야박한 동네가 있나?' 싶은 묵시적 빈정거림이었다.

독일의 고속도로를 달리는 동안 길 양옆에 곧게 자란 나무들이 하늘 향해 빽빽이 서 있는 모습에 눈을 주고 있는

데, '2차대전 이전부터 나무를 심고 공들여 관리하는 터라, 이 나라는 국민 전체가 나무만 팔아도 향후 50년 동안은 살 수 있다.'는 가이드 설명을 들으며 그들이 퍽 부러웠다.

두어 시간을 탔을까. 넓은 공간에 기다랗게 건물 하나가 세워졌고 건물을 중심으로 주차선이 쭉쭉 사선으로 그어져 있었다. 차를 타고 오면서 설명을 들은 그 휴게소였다. 버스에 함께 탄 많은 이들도 '화장실에 가고 싶다고 아무 데서나 차를 세울 수 없다.'는 말에 모두 불안했던지 내리자마자 줄을 섰다. 더러 서둘러 앞에 선 사람은 유료인 것을 깜빡한 탓에 그곳 동전을 준비하지 못 하여 동전교환기 앞에 다시 길게 줄을 서야 했다.

유료라 관리가 잘되어서일까, 화장실은 아주 깨끗했다. 이어 볼일을 보고 변기에 물을 내리려는데 깜짝 놀랐다. 흔히 버튼을 누르거나, 아니면 당기거나 하는데 어디를 눌러야 할지, 여기저기 살펴도 당길 만한 것도 없었다. 이상한 것이 있어 손가락으로 눌러 보았지만, 그도 아니었다. 순간 당황하며 바라보고 있는데 갑자기 변기 뒷쪽 가운데 부분이 앞으로 길게 빠지듯 나오면서 물이 내리더니 다시 제자리로 돌아갔다. 이어 변기 커버가 젤리처럼 모양이 바뀌면서 뱅글뱅글 돌기 시작했다.

생전 처음 보는 신기함에 일없이 다시 눌러 봤다. 작동이 안 되었다. 몇 차례 반복 후, 작동은 임의대로 되는 것이 아니고 '때가 되면' 자동 감지 후 된다는 것을 알았다. 아까처럼 변기 뒤쪽 중앙 부분이 쑥 하고 나왔다 들어가며 물살을 쏟아냈다. 변기 커버가 다시 젤리처럼 타원으로 빙글거리며 돌더니 또 땅콩 모양으로 되기를 반복하다 이내 원래의 모습으로 돌아왔다.

신기하게 작동하는 변기와 노는 사이 휴식시간이 후딱 지나버렸다. 얼른 커피를 사들고 두어 모금 마셨는데 빨리 오라고 손짓한다. 차를 타려 하는데 뜨거운 것을 갖고 탈 수 없다는 것이다. 이곳 법이 그렇다 했다. 모두 쏟아 놓고 차에 타려니 너무 아까웠다.

여행의 초입. 내가 딛는 세월의 자국들이 그러하듯 얼마나 많은 아쉬움과 안타까움, 감동 그리고 재미가 더해질지 시작부터 신선한 두근거림이고 생경스러움이다.

표절

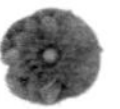

글 한 편을 써 보려고 앉은 지 두어 시간. '소재를 이걸로 할까?' 몇 줄 쓰니 이내 가슴도 머리도 하얗다. 일없이 거실과 주방을 오가며 차를 끓여 책상 앞에 놓았다 마시기를 반복했다. 아닌 것 같아 백스페이스키를 지그시 눌렀다. 글자 따라 애써 쓴 흔적도 덩달아 사라진다.

이렇게 시작할 게 아닌 것 같아서 또 한 번 눌렀다. 마저 남은 서너 줄도 사라져 버린다. 글 한 줄을 쓰기 위해 생각의 타래는 멀리 엮이고, 상념은 끝없는 날갯짓을 쳤건만 이렇게 글은 손끝에서 생각마저 없었던 것처럼 녹아내린다. 녹은 흔적 위로 보리깍쟁이처럼 휑한 기운이 감긴다. 봄볕, 꽃, 햇살, 연무…. 소재가 오로지 봄으로만 향해 있어야 하는 절대적 힘이라도 작용하는 양. 계절을 말할 수 있는 것들을 주워 꿰어 보았다.

멋없이 손가락 빗질로 머리를 쓸어 올리며 오랜만에 지인한테 안부 전화를 해보았다. 뭐하고 있었냐는 말에 이러저러해서 그리저리하고 있노라 했다. "글 하나 빌려줄까?" 되묻는다. 웃었다. 생각은 아닌 줄 알면서 입으로는 이미 '그러라.'며 튕겨 나갔다. 잠시 후, 온통 검은색 액정이 환하게 빛을 발하며 휴대폰엔 경쾌한 메시지 도착 음이 들렸다.

> 저녁입니다. 빗물이 가득 흐르는 창가엔 온종일
> 고였던 생각들도 따라 흐르는
> 저녁입니다.

고운 글들이 각기 색깔로 액정 안에서 호흡한다.

마지막 어절을 읽는데 빛은 스러지고, 이운 자리 위로 섬뜩하게 '표절'이라는 대체어가 날을 벼리고 있었다. 액정은 온통 검게 변하며 하얗던 내 빈 가슴을 겨냥한 채 마른 기침 소리로 채운다.

캑!

바닷가의 '알작지'

한낮 바다는 밀려들고 나느라 어지럼증으로 토악질을 해댄다. 자주 다니는 곳인데도 바다는 어느 한 날 같은 얼굴이 아니다. 바람이 일어 크게 울든지, 구름이 하늘 덮은 날은 그간 파도가 게워 낸 토사물을 씻고 있든지, 먹구름이 머리 위로 드리운 날은 파도에 멍든 바위가 토라진 얼굴로 더 검고 눅눅하게 마주한다. 모처럼 화창한 날은 잔잔히 이는 바람 덕에 씻긴 바위가 실오라기 하나 없는 나신으로 몸을 말리기도 한다. 바위는 오랜만에 갖는 여유라 그런지 저들끼리 마주 앉아 수런대고 마실 나온 물빛은 온통 말가니 고요롭다.

오래전 방송을 듣는데, 바다가 왜 파란가 하는 물음에

하늘이 파랗기 때문에 그 빛이 반사되어 파랗다는 말을 들었다. 그러더니 반대로 바닷물이 파랗기 때문에 또한 하늘빛이 파랗다는 이야기를 듣고 긴가민가하고 고개를 갸우뚱거리며 아리송했던 적이 있다.

온통 파란 하늘과 바다가 닿는 수평선 끝은 색감마저 너나 구분 없이 아예 하나다. 이야기의 한 부분처럼 내심 하늘이 그러니 바다도 파랗다고 믿고 싶을 뿐이다. 아무렴, 바다 빛이 파랗다 보니 하늘빛도 그렇다고 하면 또 어떠리. 흐린 날 층층이 가라앉은 하늘빛도 주저앉을 것 같은 무게를 받혀 주던 때의 바다가 가진 물빛과 흡사했으니 말이다.

알작지. 작은 알 하나하나라는 알과 자갈이란 말로 쓰이는 제주어 '작지' 의 합성어쯤으로 생각한다. 작지는 온통 자잘한 것이 파도에 굴리고 또 굴러 둥글게 다듬어진 '몽돌'이라 부르는데 흔히 먹돌, 차돌이라고도 하는 돌멩이들이다. '닳아지고 모지라지다.'는 뜻의 제주어 '몽글다'에서 생긴 '몽돌'을 말하는데 딴딴하고 광택이 나는 돌멩이와 자갈들이다. 밀물이 밀려오면 그냥 바다 모습이다가 썰물이면 내색 없이 어귀부터 넓게 각기 모습으로 자신을 내보인다. 파도에 밀린 물살은 알작지에 널려진 돌멩이들을 밀었다가 다시 빠지는 물살에 씻기며 차르르 소리를 낸다.

반복되는 파도에 이어 작지와 작지 사이를 덮쳤던 바닷물은 알이 크고 작은 것들 사이로 빠지며 내는 소리가 일정한 음률을 넣은 듯, 소리 닿는 귓전이 곱다. 차르르차르르. 작은 물살과 큰 물살이 소리의 화음으로 주는 크기가 새김질한다. 들며 나는 물살의 반복은 차르르차르르 졸졸졸 소리로 온 바닷물 소리를 하나로 엮는 것 같다. 부서지는 물살에 뒤이어 무리진 하얀 포말은 물살의 힘에 어쩔 줄 몰라하는 알작지들을 사부작사부작 달래고 있다.

아이처럼 파도가 오면 깡충 뛰며 두어 발짝 뒷걸음질치다 물살에 씻긴 반질반질한 돌들을 내려다보았다. 색감이 고와, 결이 예뻐서, 모양이 특이해서, 크기가 앙증맞아서 손바닥에 주워 늘어놓아 보았다. 사람이 공들여 만든다 한들 이렇게 고울 수 있을까. 반질반질하니 참 곱게도 물살은 작지들을 다양하게 빚어 놓았다.

파도가 밀릴 때마다 작지들은 제 위치에서 키보다 더 높이로 올랐다가 내려앉고 또 돌돌돌 물살에 구르다 밀리는 힘이 다하면 멈춘다. 멈춘다고 생각하는 곳에서 다시 한번 파도는 왈칵 작지들을 덮치며 온통 뒤집고 굴린다. 작지들은 온몸으로 차르르 차르르 졸졸졸 울음 운다.

굴리다 쪼개 놓고, 쪼개진 자리에 모가 나 있으면 파도는 다시 물살의 예리한 정으로 또 다듬어 놓는다. 다듬은 자리가 마뜩지 않으면 파도는 물살을 앞세워 다시 반복하며 굴린다. 서로 이웃하며 살아가는 방법을 말없이 가르치고 있는 것인지도 모른다. 저 곱고 앙증맞은 모양들이 파도에 알알이 쓸리고, 뒤집히고 굴러 이런 형상을 고집했는지 구르는 소리 정겹다.

한 친구가 이젠 쉬엄쉬엄 살아도 되지 않겠느냐고 묻는다. 그랬다. 사람과 사람 사이에서 알작지들 부대끼듯 치열하게 살았다. 어느 날 큰 파도는 절대적 힘으로 무방비 상태인, 더는 물러설 수 없는 나락으로 내 등을 떠밀었다. 발악하듯 안간힘을 쓰며 온몸으로 저항을 하여도, 파도가 알작지를 그리하듯 '삶이 이렇다' 함을 표본처럼 보여 주고 있었다. 삶이 이런 것이면 포기하겠노라며 밀려드는 파도보다 더 큰 너울로 통곡해 보았다.

어느 해 겨울, 내 삶에 한 획을 그었던 참담하기 그지없는 상흔은 더욱 큰 강인함을 요구하며 그것을 무기로 대신 쓸 수 있도록 던져 주었다. 이어 온몸으로 지켜내야 할 가장 큰 가치가 무엇인지를 덩달아 가르치고 있었다. 알작지의 불가항력적인 그것처럼 저항할 수 없는 힘에 구르고, 깎이고, 부서지며, 고와서 손바닥에 건져 올린 검은 몽돌보다 더 검게 멍든 삶을 숙명처럼 지켜내었다. 내 마음 밭 몽돌은 그렇게 다듬어지고 있었다. 이내 파도는 더 큰 힘으로 다듬기를 반복한다. 파도는 잠재워 둔 가슴 깊은 강심을 관통하며 내가 마주한 작지처럼 차르르 차르르 졸졸졸 아프게 구른다.

이곳에 쌓인 숱한 작지들이 깨어지고 싶어 깨어지고 또 쪼개졌을까. 파도가 그리 짓궂게 굴고 싶었겠냐며 내 뜻이 아니고 바람의 탓이라 말하고 있다. 아무렴, 파도가 아니고 바람이었을지도 모를 일이다. 이 작지들이 자잘하게 쪼개지는 아픔을 원했을까만 이곳에 두어진 탓이리라.

작지들이 가볍게 출렁이던 물결 속에서 깡충 뛰며 건너는 내 모습에 저들과 닮은 고단한 삶의 그늘을 보았나 보다. 온전히 잠기지 않은 알작지의 몽돌들은 잠시 머문 자리에서 저들과 비슷한 공통분모를 찾은 모양이다. 눈길에 이어 발길을 붙잡는다. 돌아서는 길에서 난 오래 친구나 된 것처럼 나직이 말을 걸었다.

'잘 지내고 있어. 모든 것은 시간이 해결해 줄 거야. 나의 그것처럼.' 그 친구도 돌아서는 내 뒷모습이 물속에 잠길 때까지 반복하며 말을 건넨다.

차르르 차르르 졸졸졸.

만 개의 레시피

폰의 잠금장치 해제 후 첫 번째 화면을 넘겼다. 커다란 냄비가 내열로 작은 구멍이 감당하기엔 벅차 열려버린 모양의 한 아이콘을 찾았다. 이어 검지로 살짝 터치하여 '만 개의 레시피'를 열었다.

오래전 기억에서나 찾을 찬장처럼 잘 정돈된 화면이 기다리기라도 한 듯 튀어나온다. 요리라는 요리는 방법이며, 재료, 상황이란 탭에 따라 일목요연하게 정리되어 있다. 찜, 구이, 삶기, 데치기, 튀김…. 조리하여 먹을 수 있는 모든 음식 조리 방법이 멋진 진열장의 상품처럼 즐비하게 터치해 주기를 숨죽여 기다린다.

내심 타의 추종을 불허할 만큼 내가 제일 잘할 수 있다고 자신하는 음식 하나에 일정 부분 자만심을 얹어 터치해 보았다. 준비해야 할 재료며 만드는 방법, 소요 시간, 심지어 난이도 등급까지 미안하리만치 상세히 안내하고 있었다. 게다가 과정 하나하나마다 이미지까지 삽입해 놓았다.

조리 방법을 몰라도 설명과 함께 올라온 사진을 보면 충분히 따라할 수 있을 것 같다. 다된 음식을 한입 크기로 얼른 집어 입으로 쏙 가져가기만 하면 되게, 목기에 가지런히 모양 좋게 담겨 있다. 옻칠 된 목기가 한층 음식의 고급스러움을 더한다. "참 좋은 세상이네." 하며 이어 다른 음식을 터치하며 한참을 구경했다.

지금이야 손님을 집에서 접대할 일이 거의 없지만 전에는 그런 일이 다반사였다. 무엇을 대접할까 생각하며 온갖 것을 장만하느라 나름 했지만, 막상 상을 차려 보면 대체 뭘 하느라 바빴나 싶었던 기억이 새롭다. 메뉴 선택에서부터 재료 손질법이며 조리 순서, 방법을 몰라 친정으로, 잘 아는 언니네로 분주히 전화를 걸었던 때가 있었다. 그 기억에 입 모양보다 눈이 먼저 헤헤 실실 웃는다.

가정에서 살림만 맡아 하던 때와는 상황이 많이 달라졌다. 여성 인력이 각 분야에서 인정 받고 또 그 수요도 많아지는 것이 사실이다. 가사도 분담되어야 맞고 인력도 적재적소에 있어야 효율이 높은 것도 사실이다. 어쩌면 이런 레시피의 친절함이 시대에 걸맞게 자리를 굳히고 있는 것이 당연할 수도 있겠다.

얼마 전 퇴근하고 잠시 다녀올 곳이 있어 집으로 돌아와 보니 아들이 레인지 위에서 열심히 뭘 하고 있었다. 식탁 위엔 넷북이 얌전히 펼쳐져 있고 펼친 모니터엔 스톱워치가 1/100초 단위로 정교한 전자 숫자가 열심히 바뀌고 있었다. 라면을 끓이고 있다고 한다. 아무나 끓이는 라면에 무슨 초시계까지 동원했냐고 묻자, 뭘 그런 것을 다 묻느냐는 듯 태연하게 대답한다. 라면을 만든 회사에서 최상의 맛을 내려고 많은 연구진이 끓이는 방법을 연구, 제시하였을 것이란다.

어차피 시간에 쫓기는 것도 아니고, 있는 물에 제시한 대로 시간과 물의 양만 맞추면 라면 최상의 맛이 될 것인데 굳이 마다할 것도 없지 않으냐고 한다. 듣고 보니 다 맞는 말이다. 다만 익숙지 않은 행동 때문인지 속으로 '녀석 까칠하긴!' 하는 생각만 하다 접어 버렸다. 이것도 사실은 내가 뱉은 말에 대한 궁색함을 숨기고픈 발상이다.

하긴 우리 집만 해도 그렇다. 냉장고를 열어 보면 마시는 생수부터, 젓갈류, 상추, 김치, 돈가스 등 더러 반제품에 이어 얼른 데우기만 하면 먹을 수 있는 완제품에 가까운 음식들이 곳곳에 있다. 몇 안 되는 식구들이 이런저런 이유로 식사를 밖에서 해결하는 경우가 많아졌다. 그러다 보니 만든 음식 절반 이상이 먹어 소비되는 것이 아니고, 몇 끼니 넘기다 더는 식탁에 내놓는 손이 부끄러워 아깝지만 정리해 버리게 되는 경우가 적지 않다.

가족을 위한 정성이라며 눈에 보이지 않는 수고로움은 차치하고라도 만들고 또 뒷정리에 드는 시간도 이만저만 아까운 것이 아니다. 이런 생활이 나만이 아니라 보편화 된 모양이다.

어느 식품 회사에서 처음 '밥'을 만들어 상품화할 때 '누가 밥까지 사 먹겠느냐.'며 회사 내에서도 의견이 분분했다고 한다. 상품으로 출시 후 핵가족화와 바쁜 생활 탓에 '밥'이라는 상품은, 이제 그 회사 대표 상품으로 효자 노릇을 톡톡히 한다고 했다. 당연히 매출도 쑥쑥 오르고 동종 타 업체에서도 서둘러 유사한 상품을 출시한다. 그 광고가 말하듯 '갓 지은 밥'처럼 아닌 게 아니라 맛도 좋다.

어느 만큼의 시간이 지나면 우리 식탁 문화도 많이 달라질 듯하다. '만 개의 레시피'에 소개된 음식이 한 손으로 만들어지듯, 만 개의 손으로 만든 음식이 통일된 하나의 맛을 만들어 내는 것은 아닌지 적이 걱정스럽다. 하기야 이런 걱정 또한 별것을 다 걱정한다며 우리 아들이 그렇게 했듯이 누군가는 또 무시해 버릴지도 모를 일이다.

입이 궁금해 주전부리를 찾다가 냉동시켜 두었던 옥수수를 꺼내어 해동시키며 핸드폰을 꺼냈다. 이어 '만 개의 레시피' 중 간식을 터치하여 검색된 하나를 빠르게 다시 터치했다. 간식으로 만들어 먹어 본 다수의 누리꾼이 좋다는 평점에 따라 제시한 것처럼 해동한 옥수수를 토막 내었다. 냉장실에 있는 버터를 꺼내어 팬에 살짝 구워 내었다 구워 내서인지 따뜻하고 고소한 맛이 입안에서 뱅그르르 돌며 미각을 기분 좋게 자극한다.

티브이를 켰다. 셰프의 요리 프로그램이 방송되고 있었다. 높은 시청률을 자랑하는 프로에 같이 동참하여 눈으로 열심히 요리를 따라 배우고 있는 나를 보았다. 30년 넘는 살림 내공이 내홍을 겪기 시작했다. '음식 맛은 손맛'이라며 어머니의 주름지고 거친 손마디에 의해 버무려 놓은 음식

맛 기억이 아직은 또렷하다.

익숙한 미각 위로 레시피 따라 음식을 만드는 많은 손이 하나의 손으로 만든 음식처럼 입맛도 평준화될 날이 머지 않은 듯하다.

그 길 위에서

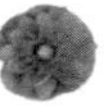

아프리카 속담에 "노인 한 명이 죽으면 도서관 하나가 불타 사라지는 것과 같다."라는 말이 있다. 왜 하필이면 불타서 사라지는 것에 비유했을까? 아마 그것은 타 버린 흔적만 있고, 어떠한 것도 건져 낼 길이 없는 참담한 안타까움으로 시작된 생각의 발로가 아닐까 한다. 그만큼 어르신들 삶에서 축적된 경험과 지혜가 도서관에 비견할 만한 가치가 있기 때문일 것이다.

노인 시설에 몸담고 있어 다양한 어르신들과 같이 부대끼며 삶의 많은 부분을 공유하고 있다. 직업적 만남이라 더러는 어르신들의 이름만 알기도 하고, 그와 반대로 얼굴은 기억되는데 이름이 가물거릴 때도 있다. 때로는 이름만 들어도 그 어른의 성격적 특성이나 신체적 특성까지도 우리 부모님인 듯 꿰어 낼 수도 있다. 늘 마주 대하는 얼굴에서 혈육 같은 끈끈한 정도 느낀다. 친숙함은 생활자라는 이름 대신 인생의 선배로서 내 삶의 길잡이 같다는 생각이 들 때도 종종 있다.

노인 시설의 아침 식사 시간. 준비한 음식이 우리가 생활하는 생활실에 덤웨이터를 통해 알람 소리로 음식의 도착을 알린다. 음식을 꺼내어 배식용 식탁에 내려놓으면 그 내려놓은 음식을 배열한 후, 알맞은 양을 생활하시는 분들 특성에 맞게 식판에 덜어 놓는다. 보통 음식의 종류라면 반찬이나 특식을 얼른 생각하겠지만, 이곳은 다르다.

어르신마다 신체적 특성만큼이나 식이 종류도 다양하다. 같은 식재료를 갖고 음식을 만들지만, 대상자에 따라 일반식, 연식, 영양죽, 흰죽, 미음, 특이하게 경관식이라 하여 흔히 콧줄이라 말하는 튜브를 통하여 음식물을 투여하는 비위관도 있고, 그도 여의치 않으면 위루관이라 하여 튜브를 위로 직접 연결해 음식물을 공급해야 하는 경우도 있다.

당연한 일이겠지만 연세가 많다 보니 신체의 일부 중 치아가 부실하여 음식을 드실 때 흘리는 경우도 많아 턱받이처럼 앞치마를 이용하는 분들도 꽤 많다. 어른들 특성에 맞추어 다 준비한 후 식탁 앞에 음식을 갖다 드리면 스스로 드실 수 있는 분도 있다.

치매 진행 정도에 따라 아예 숟가락으로 먹는다는 것도 잊어버리고 만지작거리며 가만히 앉아 있는 분께는 수저를 쥐여 드린다. 수저를 사용하도록 계속 반복하여 인지시켜 드리면 수저로 드시는 것 같다가도 이내 멈추어 버린다.

입안까지 음식을 가져갔으나 씹는 기능을 잃어버린 분, 입안까지 음식물을 넣어 씹기까지 하였지만, 삼키는 기능이 어려워 늘 사레들려 캑캑거리는 분도 있다. 먹는다는 것 자체를 아예 잊어 가만히 앉아 있는 분, 음식은 물론이고 약이며 물까지도 너무 씹어 버리는 등 각각의 특성에 따라 배식도 하고 수발하느라 한 끼 식사 시간이 분주하다. 스스로 할 수 있을 것으로 생각하는 먹는 일도 이런데 하물며 자고, 배설하는 다른 일들이야 오죽할까.

우스갯소리로 시작된 '구구 팔팔 이삼사'라는 유행어가 있다. 구십구 세까지 팔팔하게 살고 이삼일 아프다가, 삶을 마무리하고 싶다는 많은 이들의 희망 사항을 함축해 놓은 말이다. 그러면 오죽 좋으랴만, 그도 선택된 몇몇에만 적용되고 보니 안타까울 뿐이다.

이곳 시설엔 90여 어른들이 생활한다. 더러 정신은 온전한데 몸의 기능이 저하되거나 마비되어 일상생활이 어려운 분들이 일정 등급을 받고 시설에서 생활한다. 사노라면 가끔 개인적인 일로 답답하여 가닥을 못 잡을 때도 있다. 그런 날은 잠깐씩 멍해지다가 갑갑한 마음에, 할아버지가 나였으면 이럴 때 어떻게 할지 한 할아버지께 여쭈어 본다. 할아버지는 들을 수 있으나 말하는 기능을 잃어버려 눈만 껌뻑거릴 뿐이다. 그러나 껌뻑거릴 뿐 쇠잔해 버린 눈매에서 말해 주지 못한 미안함에 이어 안타까움을 읽을 수 있다.

연세 많은 어른과 함께 생활하면서 그분들이 가진 체험적 지식과 오랜 시간 지식을 오롯이 지혜로 승화시켰을 그것을 조금 나누어 가질 수 있으면 정말 좋겠다. 연륜이 빚어낸 생각이나, 삶에 대한 철학을 엿볼 수 있으면 하는 생각이 간절해질 때면 참으로 안타깝다. 도움을 청하고자 할 땐 이미 가물거리는 기억력과 혼미해진 정신세계에서 순간 느껴야 하는 허탈함을 어떻게 표현해 보면 좋을까. 여기에서 생활하는 어르신 누구도 한때 삶을 온통 손아귀에 넣고 주무를 것 같은 혈기와 젊음이 함께하였을 것이다.

이곳이 아니면 전혀 느끼지도, 생각지도 못할 삶의 중요한 부분들을 어른들과 같이 생활하면서 내 삶을 다시 재점검해 본다. 이미 걸어온 당신들의 삶을 통하여 내가 걸어갈 그 길을 미리 보기 할 수 있는 것도 얼마나 다행일까 하는 생각이 들 때도 있다.

잘 조성된 우리 시설의 넓은 녹색 정원은 철철이 고운 꽃들이 무리 지어 피고 진다. 봄이면 색색이 봄꽃 만발하고, 여름이면 등꽃이 하늘을 가릴 만큼 무성한 줄기 사이로 이름처럼 연보라 꽃 종종이 붙어 있어 계절은 그지없이 화사하다.

어디 그뿐인가. 가을이면 가을대로 꽃향기 갈바람 타고 진동한다. 화무십일홍이라 한다. 미풍에도 엉킬 것처럼 만발하게 핀 저 많은 꽃 중 열흘 붉은 꽃은 또 어디 있을까. 언젠가 보면서 기억해 두었던 영화의 한 대사를 되뇐다. “네 젊음이 네가 잘해서 주어진 상이 아니듯, 내 늙음 또한 내 잘못으로 얻게 된 벌이 아니다.”라고 하던 말이 불현듯 많은 생각을 하게 한다. 이어 조용히 기도해 보았다.

오늘 당신이 걷고 있는 길이 내일 내가 걸어가야 할 길임을 압니다. 당신이 걷는 그 길 위에서 평안하시길.

따뜻한 소실점

박물관 내에 놓인 다리를 건넜다. 건물과 건물 사이의 다리는 공간 이동뿐만 아니라 시간 이동이기도 하다. 도슨트는 벽에 걸린 현대 작가의 작품에 대해 열심히 설명 한다. 관람 후 다른 건물로 이동하며 본, 폭이 넓으면서 기다랗게 설계된 건축물은 물이 넘치며 벽을 이루고 있었다. 벽면을 타고 물이 흐른다. 마치 처음부터 벽이 물인 듯 쉼 없이. 물에 반사되며 부서지는 빛의 행렬을 보노라니 엷은 어지럼증이 일었다. 물 벽의 끝은 아득하여 마치 블랙홀 같은 생각이 들었다.

얼마 만일까, 연락이 끊겼다 이어짐이. 오랜만에 만나면 할 말이 많을 줄 알았다. 잘 지냈느냐는 한마디를 하고 나니 건넬 말이 궁색하다. '아직도 그 이야기가 유효한지 궁금해서 내려왔다.'고 힘들게 말을 건넨다. '아니.'라고 짧게 깍둑썰기로 대답했다. 잘라낸 두 음절의 짧은 대답 안으로 얼마나 많은 생각과 이유가 자리했던가. 대답은 이어지던 감정마저 싹둑 잘라냈다.

몇 번 순환되는 계절 속에서 귀밑머리는 안경테와 대비되어 더 희게 보였다. 싸하게 잦아들던 침묵은 채 일 분도 아닌 듯한데 왜 그리도 길던지. 천장에 걸린 불빛이 마주한 찻잔으로 닫힌 감정과 함께 떨어져 고였다. 고인 자리로 지난 일들이 폴폴 날린다. 그때 섬광처럼 메시지 하나도 대기 위를 둥둥 떠다녔다. 내 모든 감정을 통하여 갈무리되었던 그대에 대한 감정을 삭제 중…. 이어 잠시 깜빡거리던 모래시계는 사라졌다.

총총히 멀어지던 뒷모습과 함께 굉음을 내는 비행기가 하늘과 맞닿으며 사라지는 동안 되새김하다가 만 추억 한 조각이 울컥, 목울대를 적신다.

뜨겁다.

현대식 콘크리트 건물의 박물관엔 현재와 과거가 건물 속에 갇힌 채 시간을 열심히 새겼고, 난 다른 이름의 현재와 과거 속 시간을 열심히 지우고 있었다.

이내 생각은 사라지는 마지막 한 점 위에서 헛손질이다. 그릴 정情이라도 되듯이.

열쇠 찾기

예닐곱 개의 크고 작은 궤가 벽면을 장식하고 있다. 얼마 전 수납 공간 좋고 방 분위기와 조화를 이루며 거기에 배색까지 더한 붙박이장으로 집안을 바꿨다. 손가락 하나의 힘으로 여닫을 수 있을 정도로 부드러운 게 고급스러움까지 더했다. 색감마저 우중충한 궤가 굳이 필요할까만 민구류를 좋아하는 취향이 안방과 거실의 면을 할애한 것이다.

각기 궤마다 물고기 모양, 거북 모양, ㄷ자형, 원통형 자물쇠를 어렵사리 구해다 매달았다. 특별히 뭔가를 넣고 잠가야 할 만큼 중요한 것은 기실 없다. 설령 빈 궤에 무쇠의 텁텁한 원통형 자물쇠를 달아만 놓아도 운치 있어 좋고, 청동이 주는 노란빛 거북 모양 자물쇠도, 흔하면서도 손때

탄 ㄷ자형 자물쇠도 좋다.

별것 아닌 것에 특별한 관심을 두는 것을 보고 지인이 여행길에서 샀다며 자물쇠 하나를 선물했다. 자물쇠에는 한 줄에 다섯 개의 고리가 있는데 고리마다 네 개의 글자가 새겨져 있다. 이 자물쇠는 글자 하나하나를 완전한 시구로 맞추어야만 열린다 했다. 글자들을 꿰어 문장을 만들어야 열리게 되는 셈이다. 새겨져 맞추어진 뜻은 전혀 모르고 자물쇠를 열려면 필요한 다섯 글자만 알 뿐이다. 마치 문제는 이해 못하고 정답만 달달 외듯 하는 형상이다.

욕심내어 술 고운 노리개를 달아 놨더니 한층 멋스럽다. 자물쇠 모양만큼이나 열쇠가 제각각이다 보니 매번 어느 게 어느 것과 짝인지 열 때마다 헷갈렸다. 색실을 땋아 꾸러미를 만들었다. 한결 편하다.

오후의 한가한 시간. 오랜만에 계절을 잃은 듯 따뜻한 햇볕을 등 뒤로 온통 받으며 화창한 오후를 맞고 있었다. 차 한 잔을 식탁 위에 놓고 느긋이 앉아 있는데 휴대폰 벨소리에 반사적으로 일어나 모니터 액정을 확인했다.

"뭘 하느라고 메일도 한번 안 열어 보냐?"라며 간만의 여유를 재촉한다. 미안하다는 말을 하며 일어나 PC 앞에 앉았다. 이러저러한 절차와 지시에 따라 가상공간에서 비밀 열쇠를 하나 쥐게 되었다. 그러던 중 다른 메일 계정을 쓰게 되고 수시로 그곳을 드나들다 보니 전 메일 계정 비밀번호가 생각이 나질 않았다. 느긋함을 재촉할 만했다. 보낸지 한참 지나 수신 확인해 봤더니 '읽지 않음'으로 되어 있어 전화했다는 것이다.

《아라비안나이트》의 '천일야화'에 나오는 바위로 된 비밀문을 열 때도 이랬을까. 그럴듯한 문자와 숫자를 조합해 가며 나름 생각나는 대로 문 앞에서 주문을 외우기 시작했다. 열려라 쌀, 열려라 보리, 밀, 조, 콩 하며 말했던 것처럼 생각나는 하나하나를 입력해 보았으나 도통 열리지 않았다. 머리가 띵하니 쥐 날 것처럼 어지럽다. 비번을 새로 부여 받을까 하다 다시 찬찬히 생각해 봤다. 되새기려 할수록 써 본 기억도 없는 듯 머릿속이 하얗다. 결국, 절차에 따라 재부여 받고 겨우 열었다.

보내온 메일엔 친하게 지내던 언니의 아들이 결혼한다며 날짜와 장소를 알려왔다. 그 언니의 소식을 전해들은 것도 참 오랜만이다. 언젠가 식사 자리에서 이야기하다가 말끝에 오해가 생겨버렸다. 내 말뜻은 분명 그런 것이 아니었는데 언니 또한 그 입장에서 해석하다 보니 이야기가 헝클린 것이다. 엉킨 것을 풀려고 애쓸수록 말만 엉킨 것이 아니라 감정까지 엉키게 되었다. 한사코 아니라며 미안하다는 말을 덧붙였으나 이미 엉킨 감정은 상대에게 감정의 날을 세우는 빌미만 제공하게 된 셈이다.

갑갑한 마음에 해명하며 사과를 해 봐도 시큰둥한 반응을 보였다. 별것도 아닌 것을 갖고 오버한다고 속으로 일축해 버리면서 관계는 더욱 뜸해진 것이다. 머릿속이 갑자기 복잡하기 시작했다. 정리 덜 된 마음은 쉬 내키지 않고, 안 가자니 그것은 더더욱 아닌 듯했다.

감정은 뜸한 사이 시간이 약이라며 절로 누그러지며 아무는 듯했는데 아니었던 모양이다. 날짜가 가까워질수록 재워 놓은 가슴속 바닥은 동요한다. 표면은 고요한 척하면서도 휘도는 소용돌이 속에서 딱히 뭐라 형언하기 힘든 것이 스멀거린다.

부끄러워하면서도 쉬이 열리지 않는 이 감정은 또 무엇일까. 재고 다듬는 감정 없이 있는 그대로를 편안하게 받아들이며 마음의 문을 열 수 있는 열쇠 하나 어디서 구할 수 없을까. '열려라 참깨!' 하고 주문을 외며 열려고만 하면 언제든 마음의 빗장을 열 수 있는 신통한 열쇠 하나쯤 가질 수 있으면 좋겠다. 다듬어 쓰는 과정이 담보되더라도 구해서 내가 좋아하는 이 꾸러미에 같이 꿰어 지니고 싶다.

결혼식이 오는 휴일이라는데 생각이 많아지는 저녁이다.

하프문베타의 반란

가끔 물만 갈아 주면 된다고 했다. 꽃을 잘 가꾼다거나, 하다못해 산세베리아 같은 식물을 티브이나 컴퓨터 앞에 놓아두면 전자파를 차단해 줘서 좋다며 잘 키워 내는 친구들을 보면 참 부럽다. 좋다는 말에 얻어오면 욕심일 뿐 제대로 키우지 못해 죽이기 일쑤다. 꽃을 피워내는 식물을 보면 예쁘다는 생각도 욕심임을 알고 접은 지 오래다. 적당히 잊고 있어도 크게 걱정 않고, 좀 게을러도 주인 탓하지 않아 때 되면 꽃 피우고 열매 맺어 주는 유실수가 훨씬 좋고 나랑은 맞는다고 억지로 꿰어 맞춰 본다.

보일러를 수시로 켜다 보니 방 안이 건조해 입술도 마른 듯 퍼석거려 젖은 수건을 방바닥에 길게 깔아 놓았다.

잠시 후 그 광경을 보고 아들이 의아해 한다. '가습 효과를 내느라 예전에는 다 그랬다.'며 가습기 생기기 전 전통 방식을 쓰고 있노라고 말했다.

아들은 씩 웃더니 키우고 있는 열대어 한 마리를 분양해 주겠단다. '손도 가고 번거로워 분양이고 뭐고 싫다.'고 말했다. 내심 이도 제대로 키울 자신이 없어 그리 말한 것이다. 며칠에 한 번씩 물만 갈아 주고 밥 주는 정도인데 방 어지러운 것보다 그것이 훨씬 낫다는 표정을 한다. 방으로 가더니 삼각형의 둥그스름한 깔때기 모양의 투명하고 곱게 생긴 유리병에 한 마리를 냉큼 담아 왔다.

짙은 파란색의 작은 물고기였다. 흔히 보는 금붕어처럼 금빛을 내보이며 색상이 화려한 것도 아니고, 축 처지듯 한 것이 비 온 날 떨어진 꽃잎처럼 축축하니 모양도 그저 그랬다. 처음 의도대로 생김새보다 가습 효과이기에 그냥 받아 서랍장 위에 놓았다.

잠시 후 아들이 작은 손거울을 하나 가져오더니 열대어 머리 방향으로 거울을 비추었다. 볼품없던 파란색 열대어는 서서히 꼬리를 기준으로 지느러미를 180도 반 원을 그리듯 활짝 펼치는 게 아닌가. 발광 물질도 없는 것 같은 파란색 열대어는 부분적으로 반짝이듯 빛까지 돌며 각도에 따라 쪽빛처럼 강한 색을 내보이기까지 한다. 그 화려함이라니!

아가미마저 쩍 벌리면서 배지느러미까지 펼치는 양이 열대어라기보다는 물속에서 피어 노니는 한 송이 꽃이라는 말이 더 어울릴 듯했다. 이 열대어는 지느러미가 반달 모양으로 쫙 벌어진다고 하여 하프문베타라 불린단다. 풍성하게 펼치는 지느러미를 보니 커다란 날개라도 달린 것처럼 보였다. '이런 재미에 관상어를 키우나.' 하는 생각이 들었다. 긴장할 일이 생기면 외부에 의한 보호본능으로 지느러미를 날개처럼 쫙 펴는 동작을 플레어링이라 한다고 했다.

견물생심이란 말이 맞다. 아들 책상 위에 잡다하게 생명 가진 것들이 널려 있어도 어지럽혀 놓는단 생각 외엔 별 관심도 없었다. 한 마리면 그러니 한 마리 더 달라고 아들한테 말하자 '이 열대어는 특성상 수컷이 두 마리 이상 한 공간에 같이 있으면 죽을 때까지 서로 싸우다가 상대의 지느러미를 다 뜯어 놓고 한 마리가 죽어야만 싸움이 끝나서 안 된다.'는 것이다.

암컷도 짝짓기 때 외에 같이 넣으면 먹이를 제때 안 주거나 뭔가 스트레스를 받을 일이 생기면 지느러미를 죄 뜯어 먹어 버린다는 설명이다. 잘 키워 낼 자신도 없고 해서 몇 개의 수조에 있는 베타 중에 제일 고와 보이는 것으로 바꿔 왔다. 엄지손가락보다 작아 보이는 물고기에 비해 그릇이 커 보였다. 다시 아들 방으로 가서 천연 가습 효과가 크다는 개음죽 작은 것을 골라 갖다 꽂아 보았다. 관심이 중요한 걸까. 별것 아닌 것을 바꿔 놓았을 뿐인데 한층 방안 분위기도 나아진 느낌이다. 용기가 유리병이라 그런지 개음죽이 가진 녹색과 어우러지니 훨씬 산뜻해 보여 좋았다.

십여 년 전 생산적인 뭔가를 하지 않으면 안 될 것 같은 불안감에 내몰렸던 적이 있다. 휴경지를 이겨 모두 감귤나무 십 년생을 식재했다. '아니'라고 말하는 몇몇 지인들의 말을 뒤로한 채 강행했었다. 지금 생각하면 가족의 생계를 모두 책임져야 된다는 불안감은 대책 없이 무모함에 강한 힘을 실어 버린 셈이다. 그 몇 년. 감귤값이 폭락하다 경작해 줄 사람을 수소문해 보았으나 맡아서 해 줄 사람 구하기가 쉽지 않았다. 지치고 힘든 시간들 속에서 할 수 있는 것은 쫓기듯 애달아하는 마음뿐이었다.

이후 어떠한 것도 손쓰지 못한 채, 억지와 생각만 가지고 되는 일이 없다는 지극히 평범한 진리를 혹독한 대가를 치르고서야 체득하게 된 것이다. 과욕이든 필요에 의한 것이든, 지나치게 잘하려고 한다는 것은 에너지만 소진시킬 뿐이다. 상황이 다급하여 선택한 일들은 비워 두는 일이 비로소 채워지기 위한 준비라는 것을 잊게 했었다.

평상시엔 접었다가 이따금씩 거울 속에 비친 자기 모습에 경계 태세로 돌입하며 플레어링을 하느라 힘껏 펼치는 하프문베타의 지느러미 모양이 신기하게 고왔다. 보고 있노라니 장난기까지 발동하여 심심하면 작은 손거울을 수시로 비춰 봤다. 볼 때마다 손거울을 들이대어 붙잡고 있으려니 그것도 번거로웠다.

두어 권의 책을 올려 거울을 기대어 놓아 아예 지느러미 활짝 편 베타의 모습을 볼 수 있게 만들어 놓았다. 손거울을 들고 서 있지 않아도 오며가며 보게 되었다. 며칠 후 청소하느라 서랍장 위를 닦아 낸 후 손거울을 갖다 비추게 했는데, 깜빡 잊고 외출했다 돌아와 보니 웬일?. 지느러미는 축 늘어지고 눈알 한 쪽이 툭 튀어나오듯 한 것이 꼼짝도 않고 있었다.

거울과 마주하여 대치하고 있는 거울 속에 비춰진 자신

의 모습을 그 열대어는 적으로 오인했을까. 계속 긴장하고 있던 탓에 진이 다 빠진 모양이다. 번거로운 것을 좀 면해 보려고 거울을 그대로 놓은 채 잊고 외출한 것에 대한 보복이다. 하긴 가끔씩 긴장하도록 하면 되는데 며칠이나 그 긴장감이 계속되었으니 이 또한 내 탓일 수도 있겠다. 겉보기와 달리 활짝 편 지느러미의 화려함에 마음을 주었는데 깜빡 잊음에 대한 댓가가 죽음이라니, 고약한 성깔을 가진 놈이다. 며칠 눈 호강한 대가로 아들이 키우던 것을 죽여 놓았다. 관상어 하프문베타의 반란이었다.

뭔가를 다시 키우지 않아야 되겠다는 생각만 재확인한 셈이다.

항아리

계절이 오가는 길목이라더니 요즘 날씨가 꼭 그 짝이다. 봄꽃을 활짝 피우던 나무는 한창 물올라 엊그제만 해도 연초록 이파리들이 송송 난 것 같더니 언제부터 진초록이었는지, 베란다 문밖으로 눈을 주니 도심의 복판 처처에 온통 초록이다. 나무와 눈을 마주하고 있지 않으면 어느 시인의 시구처럼 초록에 지쳐 금방이라도 단풍이 들어버릴 것 같다.

볕이 하도 좋아 문을 열었다 닫는데 베란다 천장 쪽이 낡아 허름하다. 하긴 십 년 넘게 살았으니 봄 단장이라도 해야 될 것 같았다. 그러나 마음일 뿐, 베란다 끝 쪽으로 이것저것 치우고 정리해야 할 것을 생각하니 머뭇거려진다. 특히 항아리 스무 개 남짓이 큰 것 속에 작은 것 하며 층층이 담겨 있어서 더욱 그랬다. "엄마 뭐하려고 저 항아리들을 저렇게 놔두세요?" 하고 아이가 의아해하며 물었던 기억이 난다. 궁색한 변명이라도 해야 하는데 딱히 대답할 말이 없었다.

하긴 내가 아는 집 모두를 뒤져도 울 넓은 단독 주택도 아닌 곳에서 이렇게 항아리를 따로 놔둔 곳을 본 적이없다. 식구들이 많아 철철이 담가 놓아야 할 장류나 장아찌가 있는 것도 아니고, 먹을거리 귀하던 시절처럼 고등어 배 가른 자리에 왕소금을 흩뿌려 자반이라도 만들었다가 소금 털어 내며 끼니 상에 내어야 할 일도 없다. 그냥 한 자리를 차지할 뿐이니 아이의 말마따나 고집해야 할 이유가 궁색할 수 밖에 없었다.

유약을 바르지 않아 무광인 몸체와 아가리가 일자형으로 된 유난히 검은 빛이 도는 항아리. 화산재가 섞인 화산토가 내지르는 특유의 색이 밴 항아리. 배가 너무 불룩하지도, 그렇다고 밋밋하지도 않아 곱게 빠지면서 크기와 모양이 같은 것이 단 하나도 없다. 한배에서 나와도 제각각인 아롱이다롱이처럼 말이다.

내 유년 시절, 어머니가 장 담글 준비로 항아리를 우려 내려고 장독대에서 빈 항아리를 꺼내곤 다른 일로 바삐 움직일 때였다. 난 큰 항아리 속이 궁금하여 까치발로 매달리듯 기대어 서서 항아리 속을 보려다가 넘어질 뻔했던 기억이 있다. 순간 '앗!' 하는 소리를 나도 몰래 지른 것이 항아리 속에서 들어보지 못한 소리가 울렸다. 울린 소리가 하도 신기하여 그 소리를 다시 들으려 일부러 "아~~." 하고 길게 소리 내어 보았다. 울림소리는 목소리를 크게도 내질러 보게 하였다가 이내 짧게도 내어 보게 하였다.

한참 놀다가 심심해서 다시 장독대로 갔는데 어머닌 항아리 가득 물을 채워 놓았다. 눈물이 나려 울컥하는데 이건 또 웬 그림? 가득 채운 항아리 안 물속엔 하늘이 그대로 비치는 것이 아닌가. 그날 앉은뱅이책상에 앉아 책을 펴든 큰 오빠한테 대단한 발견이라도 한 양, 항아리 속에 하늘이 있다고 의기양양하게 말했다. "어디? 어디?" 하며 쫓아 달려온 오빠 시쳇말로 '너 바보?' 하는 눈총을 감지 하기도0 전에 머리를 한 대 쥐어박았다. 당당하게 볼거리를 찾았다고 생각한 난 그만 꼬리를 내려야 했다.

그 후 나는 항아리 속에서 보았던 하늘을 가슴속에 가두어 버렸고 감춘 항아리 속 하늘을 때때로 꺼내어 오빠한테 보여주지 못한 아쉬움은 감성의 촉수를 자극하며 키워갔다. '없는 하늘을 있다고 말했다고 오빠는 말하지만, 공부만 하는 큰오빠 눈에 그런 게 보일 리가 없었겠지.' 하는 생각을 품은 채 세월을 거스르고 있었다.

감추어 둔 감성이 아쉬움을 덧대어 베란다를 통하여 있는 그대로 다 내비치는 햇살보다, 고운 한지를 발라 투사되는 빛의 일정 부분만 받아들이는 반투명의 빛을 좋아하게 되었다. 또 하늘거리는 종이꽃에선 종이보다 더 엷고 작은 꽃잎 속에 자잘하지만 가지런한 선이 주는 아름다움을 좋아했다. 항아리 속의 하늘을 보여 주겠다고 나섰다가 거짓말만 한 것 같지만, 못 본 건 오빠라며 지금도 문득 비갠 날 빗물 속에 비친 하늘을 보는 날은 잠시 한 발 물러서서 '오빠가 왔으면 보여 줄 건데….' 하고 생각하다 '지금도 오빤 못 볼까?' 싶어진다. 생각의 실마리는 오십 년을 훌쩍 넘긴 세월 속에서 시공을 헷갈리며 전이되다가 감추어 두었던 자리로 이내 찾아들곤 한다.

그 고운 공명의 소리나 물을 채운 항아리에 투영된 하늘을, 늘 책만 팠던 오빠랑 함께하고 싶다. 베란다 가득 올망졸망 모아 놓은 항아리들은 혹 보여주고 싶었던 하늘을 몰라본 오빠의 감정에 대한 유년의 미련은 아닐는지.

"오빠! 항아리 속에 정말 하늘이 있었단 말이야!" 하고 큰 소리로 내지르면, 베란다에 놓인 항아리들이 일제히 우우거릴 것 같다. 소리는 다시 울림이 되어 어린 시절의 하늘만큼 높아 보였던 오빠가 들을 수 있을까. 이제는 정리해도 됨 직한 세월 앞에 마주한 내 아이한테도 그 유년의 항아리 속 공명의 고운 소리를 들려주고 싶다.

뜨락에 내린 겨울 햇살

울고 있다. 숨죽여 울지만 그 소리에 힘이 들어서인지 이미 반쯤은 굳어 버린 목소리에 '꺼억' 하는 음은, 제대로 소리도 되지 못한 채 배어 나와 마음을 짓누르고 있다. 어쩌면 할머니 마음까지도 그렇게 짓누르고 있을 것이다. 할머니의 어깨를 살며시 감싸 안았다. 안긴 채 내 몸에 기댄 어깨가 간헐적으로 들썩인다.

"할머니, 그러니까 다음부턴 이 벨 가운데 빨간 부분을 손가락으로 꾹 누르면 벨소리가 나고, 소리가 들리면 다른 일을 하다가도 직원이 듣고 빨리 오니까 꼭 누르세요. 아셨죠?" 다시 한 번 할머니의 온전한 한쪽 손이 닿기 가장 쉬운 곳에 놓인 비상벨의 쓰임새에 대해 설명해 드렸다. 그러겠노라 고개를 끄덕인다.

할머니는 엄마한테 안긴 아이처럼 그리하겠노라 하셨고 난 다시 할머니를 안심시켰다. 할아버지가 돌아가신 두어 해 후, 갑자기 쓰러지더니 편마비가 되었단다. 신체의 쓰임 중 절반의 기능은 잃었지만 이때까지 살아온 세월에 이겨진 인생의 희로애락의 감정들은, 그대로 이 세상을 살아가는 모든 이의 그것처럼 삶에 녹아 흐른다. 일상을 느끼고 생각하고, 또한 나름대로 결정하고 있는 것이다. 안타까운 것은 당신의 의지로 어찌해 볼 수 없는 육체의 한계만이 흐느적거릴 뿐이다.

편마비가 그러하듯 신체 반쪽의 기능은 상실되어 뭔가 말은 하고 있지만 소리가 되어 다른 이에게 전달이 안 된다. 그러다 보니 당신은 당신대로, 듣는 이는 듣는 이대로 소통이 어려워 갑갑했다. 입술 모양을 보고 아쉬운 대로 그 뜻을 읽어 보려 하지만 이미 입술의 절반이 마비되어 소통이 어렵다.

언어적 소통만이 아니다. 음식을 먹을 때도 씹는 동작이 어려워 오물거리는 동안 반은 흘린다. 때론 감각이 둔하다 보니 한쪽 입술 위로 음식물이 묻거나 붙어 있어도 느낌을 모른다. 음식을 씹고 삼키는 저작이며, 연하 기능도 마찬가지다. 이렇게 반복되는 지극히 일상적인 생활도 유지하기 힘들어 장기요양 등급을 받고 우리 시설에 입소한 할머니와의 연은 시작되었다. 집을 떠나 익숙지 않은 공간과 환경 때문에 오는 낯섦에 적응하는 데 조금이라도 편안하게 해 드린다고 하지만 어찌 내 마음이 할머니 마음일까.

퇴근 무렵 관찰일지도 정리하고 PC 전원을 끄며 일과를 마무리하고 있는데 같은 방을 쓰고 있는 어르신이 역정을 내는 것 같은 큰 소리가 나서 가 보았다. 할머니가 필요한 것은 없는지 확인까지 마치고 돌아왔었다. 그 사이 할머니가 앉은 자리에서 그만 소변 실수를 한 것이다. 특히 대소변 욕구가 있을 땐 서둘러 준비하느라고 하지만 몸의 한계에 마음만 급할 뿐 종종 이런 실수를 한다. 속상하여 울고 있었다. 그 와중에 같은 방에서 생활하는 다른 할머니가 외려 어쩔 줄 몰라 하는 할머니에게 큰 소리로 타박까지 하니 할머니는 세월이 훑고 간 그 자리가 서러운 게다.

비상벨의 쓰임을 한 번 더 주지시키고 얼른 뒷정리를 해 드리며 감싸 안았던 팔을 풀어 주무시도록 했다. 불안해 있을 할머니 마음에 평정을 찾게 하느라 등을 토닥이며 괜찮다는 말까지 덧붙여 보았다. 많은 부분이 상실되어 안타깝지만 그나마 온전한 반대편 한쪽 귀에 대고 이야기를 하면 소리를 들을 수 있어 뜻이 어색하게나마 전달되는 것이 참 다행이다.

인정하고 싶지 않음이다. 이런 일상에서 일어나는 아주 소소한 문제들을 말이다. 할머니는 문제라거나, 소소함이라거나 하는 단어들보다 지금까지 삶을 이어 오면서 확인하지 못한, 아니 확인하고 싶지 않은 자존감에 대한 깊은 상처를 그 일로 확인해 버린 것인지도 모른다. '인정하고 싶지 않음,' 그 자체를 현실로 받아들이며 당신의 의지와 관계없이 감싸 안아야 한다는 것이 자신을 더욱 슬프게 하는 것이리라.

다음날 물리 치료를 마치고 나오는 할머니를 보고 온전한 쪽의 팔을 부축하며 할머니에게 보행 연습을 유도해 보았다. 지난 일로 느낌이 컸던지 쉽게 따라나선다. 재활운동으로 걷기 연습을 매일 반복적으로 열심히 하시도록 했다.

거실 두어 바퀴를 다 돌아나올 땐 할머니도 힘들지만 '할 수 있다.'는 자신감이 생겼는지 얼굴이 밝다. 모처럼 뜨락에 가득 내려앉은 겨울 햇살이 할머니의 등 뒤로 길게 비치면서 마비되었던 한쪽 발을 끌듯이 옮기는 걸음에 내 목소리가 보태어진다.

"할머니! 발을 끌지 말고 조금, 조금만 더 높이 올려 디뎌 보세요."

어려운 주문인 줄 알면서 한껏 키우는 내 목소리와 할머니의 힘겹게 딛는 무딘 발 위로도 겨울 햇살은 그렇게 쏟아져 내린다.

다음날 현관문을 밀며 "안녕하세요?" 하고 나누는 아침 인사에 어르신들 속 할머니의 주름진 얼굴에 반가움이 가득하다. 어제처럼 오늘도 낯선 곳에서의 생활은 익어 간다.

원본
대조필
4부

우도, 섬의 유혹

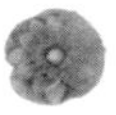

아침 먹은 설거지를 서두르며 라디오를 켰다. 문학회에 가입 후, 문학기행에 가기 위해 나선 첫 나들이다. 얼른 일기예보를 검색했다. 아침저녁으로 일교차가 심하겠다는 예보 외엔 별다른 말이 없다. 재킷에다 가벼운 배낭을 짊어지고 약속한 탑동 해변공연장으로 이동했다. 절반 못 되게 열어놓은 차창으로 시원한 공기가 온통 밀려든다. 절기는 못 속인다더니 엊그제까지만 해도 작은 움직임에도 '덥다'는 말이 입만 열면 절로 튀어나왔는데 차 안으로 들어온 공기엔 선선함이 묻어 있다. 나이가 들어가는 탓일까, 늘 이 정도의 기온이었으면 딱 좋겠다는 생각이 들었다.

몇 차례 문학 관련 모임에 참석하였더니 면면이 아는 얼굴들이어서 언제 만나도 반갑다. 인원을 확인한 후 버스에 올라 중산간을 가로질러 성산포로 향했다. 차창밖으로 스치는 여름이 이운 자리에 손바닥처럼 넓게 편 활엽수들이 계절의 뜨거웠던 열기를 온몸으로 받아들여 초록으로 토해 내고 있다.

우도가 고향이라는 회원 중 한 선생님이 우도에 관해서 사전 설명을 했다. 눈은 인쇄물에 맞추고 귀는 선생님 말씀에 꽂아 놓았다. 고개를 연신 끄덕끄덕하며 이야기를 듣다 보니 어느새 성산 일출봉이 손에 잡힐 듯 가까운 성산항에 도착했다. 50여 분의 버스 이동 끝에 도착하니 매표소 입구는 관광객들로 북적이고 있었다. 선표를 작성하고 섬과 섬을 잇는 도항선에 몸을 실었다. 선실에 앉았다가 부둣가로 나왔다. 물결을 가르는 뱃머리 사이로 바다는 하얗게 물길을 내어 주노라 가쁜 숨을 쉬고 있었다.

갯냄새가 바람 타고 코끝을 자극하더니 십여 분이나 지났을까 생각하는데 우도에 도착하였다. 배에서 내린 일행들은 가벼운 옷차림에 모두 즐거운 표정들이다. 우도로 들어서자 초입에 커다랗게 강관순이 지었다는 〈해녀의 노래〉라는 기념비가 세워져 있었다. 우리를 인솔하시는 선생님은 우도 출신답게 그 섬에 대하여 상세히 설명해 주셨다. 비문 옆으로 우도 종합안내도가 그곳을 찾는 많은 이들의 길잡이가 되며 우뚝 서 있었다.

오봉리, 서광리, 천진리, 조일리 네 개의 행정리와 일주도로를 잇고 있다가 중간 하단에서 마을 아래쪽을 가로지르며 길은 이어지고 있었다. 조금 발을 옮기니 우도에서 근무하다 퇴직하고 향토사학자로 활동하시는 분이 우도의 아름다움을 '우도 팔경'이라고 지어 정리해 놓았단다. 그것이 소개되면서부터 많은 이들이 우도에 대하여 알게 되었다고 한다. 그 여덟 가지가 빼어나다는 경관이 대리석에 음각으로 새겨져 있었다. 눈으로만 훑고 우도봉으르 향하였다. 좁기도 하지만 연휴의 끝자락이라서 그런지 관광 온 사람들로 섬은 넘쳐나고 있었다.

길 가장자리로 안내판이 있어 눈을 주니 '비와사폭포'라는 안내도가 있었다. 이름도 생뚱맞은 '비와사폭포?' 안내한 곳으로 눈길을 돌렸다. 아무리 찾아도 폭포가 없었다. "어딘데요?" 하고 못 찾아 어리둥절하니 일행 중 옆에 계신 한 분이 "아 비가 와사 폭포랜 안 햄 서게? 비가 안 오면 폭포가 아니라는 말인게게."

폭포 이름 한번 '대박'이고 압권이었다. 맞아. 비가 와야만 폭포라는 말이다. 안내도를 좀 찬찬히 내리훑다 보니 비오기 전과 후가 설명되어 있었다. 설명된 곳을 찾아 멀리 다시 눈을 주었더니 폭포 물이 내린 자국 가장자리로 그곳만 허하게 빈 바위 틈새로 열 지어 물길이 나 있다. 양옆으로 바위 틈을 비집고 자란 잔 나무들도 등걸을 내보이며 물길을 따라 길게 흘러내리고 있었다.

사람들이 디뎠던 곳을 반복하며 디뎌 생긴 것 같은 소롯길을 따라 걸었다. 그리 길지 않은 곳인데도 경사도가 있어선지 숨이 차오르기 시작했다. 조금 쉬고 가려면 뒤에 오는 이를 의식해야 할 만큼 많은 이들이 따라 오르고 있었다. 정상에 도착하여 가쁜 숨을 몰아쉬는데 숨소리와 함께 비릿한 갯내음이 온통 피부를 자극했다.

정상에 서서 바라보니 우도의 마을과 올레꾼들에게 길을 안내하고 있는 올레길, 분화구 안에 이제는 본섬 구좌 종달리에서 식수를 끌어다가 먹지만 그전에는 해수를 담수로 만들어 먹었다는 담수장이 자리해 있었다. 울타리를 쳐 놓은 담수장 옆 초원에선 말들이 초록을 만끽하고 있었다.

우도, 자연이 주는 고운 섬이 온통 내 안으로 들어와 앉아 있다. 우도의 관문인 동쪽 천진동에서는 천진관산天津觀山이라 하여 일출봉과 멀리로 한라산이 길게 뻗어 있고, 그 사이엔 오름들이 나지막이 자세를 하고 있었다. 뒤돌아보기를 거듭하며 가파른 우두牛頭봉을 향하여 아까 본 비와사폭포를 지나 한바탕 웃고 다시 가파른 경사 길을 오르기 시작했다. 나이 지긋한 분들이 선두에 앞장서서 걷는 모습을 보며 저 기운의 원천은 무엇일까 궁금해졌다. 경사진 길을 오르는데 더웠다.

헥헥거리며 우도봉 정상에 도착하니 시원한 바닷바람이 먼저 반기며 이마에 내리는 땀을 닦아 준다. 멀리로 섬 너머 종종 늘어선 오름은 엷은 해무에 수묵담채화가 되어 넓게 이어지고 있었다.

바다를 등지고 솟아 있는 바위 절벽을 뜻한다는 후해석벽後海石壁은 웅장하면서도 위엄이 있었다. 큰바위얼굴이라고 설명한다. 걸음을 같이한 이들은 사람 얼굴 형상을 하고 있다고 보면서 고개를 끄덕였지만, 난 아무리 봐도 얼굴 형상은 못 찾았다. 찾으려 애쓴 바위에선 바위 색과는 달라 보여 멀리서 언뜻 보기에 저건 시멘트로 덧칠한 걸까 생각하고 있는데, 그 또한 하나의 바위이면서 다른 색의 바위였다. 거기에 명암이 있어 얼굴 형상인가 생각하다가 형상이란 것이 원래 지극히 주관적 판단이라 그렇지 않을 수도 있다고 자위하며 걸음을 옮겼다.

조금 에돌아 간 곳에는 등대박물관과 나무 계단이 연결되고 있었다. 한 발 한 발 디디며 주변을 보는데 유명한 등대들을 본떠 만든 미니어처 등대 조형물들이 세워져 있었다. 국가마다 사람이 다르듯이 등대의 모습도 다 다르겠거니 생각했다. 나중에 안 사실이지만 머리 제일 위가 빨간색이면 뱃머리를 우측으로 하여 접안하고, 노란색이면 위험하다는 표시이고, 노란색 위에 검은색이 얹어져 있으면 공사나 다른 일로 장애물이 있음을 표시하는 것이라고 했다.

설명을 들으며 '좀 더 자세히 관찰할 걸 그랬구나.' 하고 생각했다. 이 우도 등대는 1905년 러일전쟁에서 승리한 일본이 우리나라의 관세권을 장악함에 따라 1906년 제주도 동쪽 연안 수역을 항해하는 선박의 지표로 하기 위해 제주 지역 최초의 무인등대로 점등되었다고 한다. 동쪽 해안의 고래굴이라는 뜻을 가졌다는 동안경굴東岸鯨窟 옆으로 발을 옮기며 지인이 매해마다 동굴음악회를 연다며 같이 가 보자는 말에 멀고 오고감이 귀찮아 번번이 사양했었는데 '그

콧구멍이 저 콧구멍이구나.' 싶어 아는 이를 떠올리며 반가워했다.

적당히 지칠 때쯤 기다리던 점심을 그 앞 음식점에서 밥상을 받았다. 시장이 찬이었다. 우도에서 생산된다는 우도 막걸리를 밥과 함께 한 사발 벌컥 들이켜고 나니 적당히 배가 채워졌다. 속으로 역시 '먹는 건 즐거워.' 하며 맛있게 먹었다.

일행은 검벌레를 돌아 백사장을 거니는데 때늦은 외국 관광객 몇이서 모래사장에서 해수욕 차림으로 춤을 추며 놀고 있었다. 젊음이 좋은 것은 아마 저런 것이 아닐까 내심 부러웠다. 적당히 햇볕 아래서 걷다 보니 지치고 지루하기도 할 즈음 마을버스 한 대가 일행 옆에 멈추자 기다린 듯이 모두 탑승하였다.

버스에 탄 우리 일행은 왁자지껄 우도항 쪽에 위치한, 산호 백사장이 하얀 빛으로 반짝인다고 하여 이름 붙여졌다는 서빈백사西濱白沙로 향하였다. 노면이 고르지 않아선지 어렸을 적 털털거리는 시외버스를 타서 토악질을 해대었던 꼭 그 느낌을 오랜만에 받았다.

하차 후 항구까지 가는 해변엔 이것이 산호초가 부서진

파편 조각들로 이루어진 서빈백사. 모양과 크기도 제각각인 희고 가벼운 조각들이 밀려와 있었다. 허리를 굽혀 몇 개 집었다. 모래처럼 보이지만 성글고, 엄지와 검지로 비틀어 비비면 가루로 부서질 것 같았는데 부스러기 하나 생기지 않았다.

십여 년 전에 중국 서호 강가를 여행할 때였다. 강인지 바다인지 끝 간 데 없이 펼쳐진 곳을 바라보고 있는데 안내자가 그곳 팔각석등을 가리키며 '밤에 저 석등에 불을 밝히면 이 강에 비추는 달빛 여덟 개가 석등을 도는 듯한 분위기다. 그래서 많은 이들이 여길 오면 달이 열 개로 보이는데 한번 찾아보라.'라고 주문을 했던 기억이 났다.

팔각석등에서 강가로 비치는 여덟 개와 하늘에 떠 있는 달 하나, 합해서 아홉이고 하나는 못 찾아 한다는 설명과 함께 그 마지막 하나가 뭔지 맞혀 보란다. 한참을 아무도 대답 못 하고 서 있을 때 '내 맘의 달'이라고 말하여 유머와 그 의미를 대국의 강가에 걸어 놓은 채 우리 일행들은 웃음의 높이를 같이한 적이 있다. 한낮에 동굴 속에서 달을 본다는 뜻을 가졌다 하여 이름 붙여진 주간명월晝間明月, 끝내 못 본 것이 아쉬움으로 남는다.

어느 한가한 시간을 세내어 집어등을 켠 채 조업을 하는 고깃배들의 야항어범夜航漁帆이라 하는 그 휘황찬란한 밤무대의 싱싱함을 만끽하고 싶다. 이어 밝아 오는 시간엔 때맞추어 달그리안이라는 이름도 고운 주간 명월의 은근한 아름다움을 마중하여 켜켜이 접어 놓은 오늘의 아쉬움을 같이 풀어헤치리라. 그날이 오면 어렸을 때 동네 아이들하고 골목길이 놀이터였을 그때 '같이 갈 사람 여기 붙어라.'라며 엄지손가락을 곧추세워 봐야지. 어느 시간을 베어낸 후 종달리나 하도리로 돌아가 누워 있는 소섬을 바라본다는 전포망도前浦望島도 유유자적하게 즐기리라.

돌아오는 길 저 너머로 물결은 지는 해에 부서지며 반짝이는데 선상에서 개구쟁이들 던져 주는 과자를 따라 갈매기 너덧 마리 낮게 빙빙 돌고 있었다. 흰 거품 가득 문 물살 속으로, 우도의 초입에서 만난 강관순의 〈해녀의 노래〉 중 비문에 가두어져 있던 "…저 바다 물결 위에 시달리는 몸…."은 지킴이가 되어 낮게 우도를 지키며 그 섬의 물살을 가르고 있었다.

만수滿水의 사라악

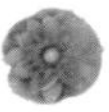

친구랑 등산하기로 약속했다. 밤새 더위와 씨름하다 잠이 든 것 같은데 새벽녘엔 기온이 내렸는지 이불을 당겨 덮으려다 잠이 깼다. 어제 준비해 둔 간식거리와 뜨거운 물을 보온병에 담고 성판악으로 향했다

이른 시간임에도 많은 이들이 이미 산을 오르고 있고 또 오를 채비하느라 분주하다. 우리도 그 대열에 끼여 신록으로 질펀한 산길을 걷기 시작했다. 등산로 양쪽 어우러진 키 큰 깡깡나무는 머리 위로 그늘을 하늘 가득 드리웠다. 그 틈에 잠시 살랑대는 바람은 노출된 모든 피부의 감각을 자극하여 청량감을 한껏 준다. 비 온 뒤 나무들은 신록에 지쳐 심록深綠으로 다가와 눈이 닿는 곳, 호흡이 이어지는 처

처엔 연초록, 초록, 진초록 신선함 그 자체였다. 많은 이들이 오가며 디뎌 만들어 놓은 등산로는 산길이기보다 차라리 산책로처럼 매끈거리기까지 했다.

늘 산에 오를 때마다 느끼지만 계절이 선사하는 자연의 다양함은 어느 하루 같은 날이 없다. 돌계단을 밟으며 한라산 정상으로 향할까 '사라악'을 갈까 고민을 했다. 그런데 이내 그 고민을 접었다. 먼저 출발하여 하산하는 일행에서 "사라악 기가 막힙디다." 하며 지나갔다. 특별히 누군가를 지칭하며 한 말이 아니라 대상 없이 던진 느낌 한마디 때문이었다.

산행의 최종 목적지는 그 말과 동시에 정해졌다. 삼백예순 개 남짓한 제주의 오름 중에서도 산봉우리 정상에 호수를 품고 있는 너덧 산정 호수들. 그중에서 한라산 정상 다음의 높이에 산정 호수를 품고 있는 곳 '사라악'. 여러 차례 갔어도 한 번도 만수를 본 적이 없었다. 재수 좋은 날은 그저 바닥이 호수 자리임을 확인이라도 시키듯 아주 약간의 물웅덩이 자리에, 거북등처럼 갈라진 진흙 바닥만을 보았었기에 더 그랬는지도 모른다.

잰걸음이 되더니 어느새 숨이 가빠 온다. 헐떡이며 사라악에 도착했을 때 몇 번을 다녀왔지만 이런 모습은 처음이었다. 이런 걸 아마 장관이라고 표현함일 게다. 다리 위로 넘실대는 화구호의 만수滿水. 분화구 따라 넓게 펼쳐진 채 둘레 한쪽은 데크로 연결해 다리를 만들어 놓았다. 물속을 들여다보노라니 물풀 사이로 올챙이 떼 지어 동서남북 방향 없이 잔잔히 이는 바람 따라 물살을 가르며 개구쟁이 장난치듯 떠다니고 있었다. 무리진 모습이 수초처럼 보였다. 눈앞의 광경을 본 등산객들은 모두 환호한다.

카메라며 휴대폰을 꺼내어 그 광경을 찍느라 손과 눈의 높이는 분화구 가득한 수면을 응시하고 있었다. 간간이 이는 미풍은 널따란 호수 표면을 자잘하게 햇빛에 반사되며 눈 시리게 물비늘을 만든다. 초여름 따뜻한 햇볕이 놀던 자리를 바꾸자 바람결 따라 물비늘 위로 온통 은빛 가루를 뿌리고 있는 양, 수면은 온통 반짝임으로 어지럼증을 탄다. 부모를 따라 길 나섰던 어린아이 몇은 어느새 생수병에 올챙이 잡아넣느라 바쁘고, 첨벙대는 모습 따라 둥글게 둥글게 물결 따라 파문이 인다.

몇 걸음 옮기니 어른도 이런 자연에선 한없이 천진할 수 있구나 싶었다. 데크 위로 물이 올라올 듯 말듯 찰랑대는 곳으로 등산화며 양말을 벗고 일행 모두 발 담그고 물장구치는 모습들이라니. 그 위로 뭉게구름 한 덩이 수면 위로 바삐 명암을 던지며 그림 그리느라 바쁘다.

걸음 따라 출렁대는 데크에 이어 만든 다리는 물이 등산화로 기어오를 듯한 찰랑대는 곳을 지나 다시 오르기 시작했다. 경사도 있거니와 기록이라도 내야 할 듯 욕심 부린 탓일까. 숨이 턱에 닿는다. 조금 오르자 계절이 주는 눈에 밟히는 모든 풍광은 까치발로 깡충 뛰면 하늘이라도 손에 닿을 듯 속세가 저 멀리 있다.

마주 선 바람 한 줄기. 온몸을 어루만지며 등산의 피로를 씻겨 준다. 등산로 양쪽에 촘촘하게 줄지어 선 조릿대 사이로 바람 타는 소리가 사르락사르락 곱다.

온통 고운 초록빛 행렬은 나지막한 오름 등성이 따라 물결을 이루며 눈이 이르는 곳마다 펼쳐졌다. 멀리 서귀포 앞바다에 바위섬은 종종이 햇볕에 몸을 말리기라도 하려는 양 널리듯 떠 있다. 이미 도착한 등산객들은 삼삼오오 사진을 찍느라 눈높이를 맞추는 그 모습마저도 자연의 한 부분이려니!

지천으로 걸려 있는 진초록의 햇볕에 눈이 시리다.

짊어지고 갔던 간식을 먹고 난 후, 올챙이를 생수병에 넣던 개구쟁이처럼 온통 초록의 볕에 싸여 하늘거리던 수초 더미 속 올챙이 숨소리도, 우리는 빈 그릇 속에 넘실거리는 계절과 함께 가득 담아 넣었다.

배낭 속의 우진제비오름

한참을 걸어 들어왔다. 비 온 뒤 비포장도로는 질퍽거려 조심하느라 긴장한 탓인지 발이 무거웠다. 길을 잘못 든 건 아닌지, 방향을 잘못 잡은 건 아닌지 서로 의아해하면서도 말없이 걸었다. 어차피 걷자고 나온 걸음이란 생각에 더욱 그랬다.

오름 오르기엔 너무 큰 배낭이라 부담스럽다. 누가 보면 오름 오르는데 '무슨 배낭을 저렇게 큰 것을 짊어졌을까.' 생각도 할 것 같아 공연히, 안 써도 될 신경까지 쓰며 아들이랑 나란히 짊어지고 걸었다.

오늘의 오름 행은 오름을 오른다는 생각보다 새로 산 배낭을 메어 보기 위함이다. 등과 어깨선 조절을 위하여 '넘어진 김에 쉬어간다.'는 말처럼 시판되는 배낭 중, 가장 가볍다며 같이 직구했다는 말과 함께 굳이 메어 보란다.

'고맙다'는 말에 '좋다'는 말까지 덧붙였지만, 아들은 거울 앞에서 내 몸을 이리저리 돌리며 자세를 잡아 본다. 몸에 밀착시키기 위해서 여러 개의 벨트가 있는데 배낭이 몸과 떨어져 따로 놀면 몸에 가해지는 하중이 더 늘어난다며 애써 조절한다. 됐다고 거듭 말했지만, 배낭 밑바닥이 짊어졌을 때 허리의 마지막 부분에 있어야 한다며 여간 신경 쓰는 것이 아니다. 무슨 전문 산악인이나 되어 히말라야 K2봉이라도 정복할 사람처럼 괜찮다는 말에도 불구하고, 몇 차례 편안한지를 묻더니 오름이라도 가자고 하여 나선 길이다.

바람의 방향과 마주해서 그런지 싸하게 춥다. 한참을 걸었는데도 입구가 안 보여 주변을 두리번거리며 찾아보았다. '우진제비오름'이라 커다랗게 선 표석을 보고도 이슥히 들어왔다. '여기가 맞나?' 주억거리는데 풀숲 사이로 흙길이 보인다. 오름의 초입부터 길 찾아 헤매느라 배낭 진 등줄기로 땀이 배었다.

입구가 어딘지 헷갈리던 것과는 달리 조금 올라가자 돌

계단이 곱게 놓여 있었다. 많은 오름을 다녔지만, 계단이 이렇게 곱게 곡선을 이루며 놓인 곳을 걷는 것은 흔치 않다. 앞서거니 뒤서거니 걸으면서도 새로 배낭을 샀다는 생각에 아들은 아이처럼 편안한지를 반복하여 묻는다.

길게 이어진 돌계단 양쪽엔 수북이 쌓인 낙엽 위로 이미 퇴색한 계절 빛이 온통 깔려 있다. 앙상한 가지 끝엔 잿빛 구름 사이로 언뜻언뜻 파란 하늘과 돌 계단 밟으며 딛는, 넓게 만든 계단 사이사이에 짙게 낀 돌이끼가 우진제비오름의 운치를 더한다. 길게 호흡을 몰아쉬며 오르는 듯, 미끄러지는 곳에 다다르니 샘이 있었다. 길지는 않으나 경사도가 만만찮아서인지, 기다란 의자가 샘을 중심으로 너덧 개 놓여 있었다. 배낭을 내려놓자 아들도 따라 같이 내려놓는다.

바람과 마주하니 오름을 오르느라 같이 올랐던 열기를 계절은 얼른 거두어 낸다. 깊지 않은 샘 위로 투영된 하늘색도 아까 본 그 색과 같은 모습으로 물 위에 떠 있었다. 물빛이 곱다. 휘하니 둘러본 그 작은 샘물 안엔 하늘만 내려앉은 것이 아니라 여름내 지친 나뭇잎이 계절에 겨워 여기저기로 수북이 가라앉아 있다.

아들과 나란히 앉아 샘을 바라보다 일전에 다른 회사에서 근무 제의를 받았는데 고민이라고 말했던 것이 생각났다. 별 생각이 없나 보다 싶어서 그냥 두었었는데 문득 궁금해서 조심스레 물어보았다. “외국계 회사라 괜찮긴 한데….”라며 아들은 뒷말을 아꼈었다. 외국에 가서 살 수도 있다는 말을 덧붙이더니 엄마도 같이 가겠느냐고 물어왔다. “내가 무슨?” 하며 가볍게 끊었는데 나만 가볍고 아들은 가볍지 않았던 모양이다. 내처 접었다 한다.

맏이라 하여 짐이라고 느끼게 무게를 둔 것 같지 않은데 아들은 그 무게를 느끼고 있었다. 혼자인 에미를 두고 떠난다는 것이 쉬 내키지 않았던 모양이다. ‘엄만 정말 괜찮아.’ 라고 말도 했지만 아들을 위해서라면 정말 괜찮았다. 후루루 불던 바람에 애써 매달려 있던 절기 거슬리던 나뭇잎 하나, 고요히 수직 강하하며 물 위로 소리 없이 진다.

아들도 물속을 들여다본다. 샘 가운데쯤에 뭔가 우무로 만든 것 같기도 하고, 반투명처럼 생긴 듯도 한 팔찌 모양들이 보였다. 가만히 들여다보니 한두 개가 아니고 온통 무리 지어 켜켜이 붙어 있었다. “저건 뭐지?” 눈으로 가리키며 아들에게 묻자 도룡뇽 알이란다.

도룡뇽 알은 생전 처음 보았다. 처음이라 신기한 것도 있지만 샘의 가장 중심 부분에 이들도 사람 손이 미치지 않을 안전지대쯤이라 생각함인가. 보호 본능으로 그곳에 제 종족을 번식시킴이리라. 모든 부모라는 이름을 가진 이들이 자식을 그리 키워 내었듯이 하찮아 보이는 것 곳곳에 자연의 섭리는 자리해 있다.

내리막 경사진 곳에서 우린 서로를 챙기느라 여차하면 붙잡을 수 있는 거리를 유지하며 걸었다. 잡목과 이울다만 억새의 뒤엉킴 사이로 두 사람이 나란히 걸으면 빠듯한 오솔길이 길게 이어졌다.

오르고 내리며 다가간 곳엔 데크로 정자처럼 쉴 수 있게 만든 공간이 있었다. 그곳은 탁 트여 사방을 볼 수 있게 만들어 놓은 전망대였다. 가까이에 흩어진 오름이며 멀리 풍력발전기의 날개, 해안가 마을, 하늘색 닮은 바다가 끝없이 펼쳐지고 있었다. 걷는데 아들이 불러 세우더니 한사코 풍경을 배경 삼아 몇 컷 찍으란다. 그 중심에 아들과 나는 자연 속 조형물처럼 한 사람씩 서 보았다.

길게 이어지는 내리막길을 걸으면서 날아가는 제비의 형상을 닮았다고 하여 제비에, 우진이란 지명을 붙여 명명한

'우진제비오름' 행. 아들이 말했듯 그 배낭 제품이 가벼워 가벼운 것인지, 마음이 가벼워 가벼운 것인지 모를 일이다. 분명한 것은 우진제비오름의 기억들을 온통 배낭에 넣어 휘둘리지 않을 만큼의 적정 무게를 만들고, 아들과 내 맘의 기울기를 재며 남은 길을 걸었다.

사진 한 장

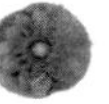

발 디딜 틈 없이 어지럽다. 온통 옷가지며 책, 심지어 얼마 전에 바꾼 휴대폰 사용 설명서랑 케이스까지. 정리 좀 하라고 목청을 있는 대로 돋우는데 슬금슬금 마지못해 각자 방으로 들어간다. "어? 할머니다." 아이가 책꽂이 정리하다 앨범 어느 한 갈피에 꽂아 두었던지 빠진 줄 모르게 떨어져 나온 사진 한 장을 주워 들었다.

아이들이 초등학교 2학년과 5학년 무렵인 듯, 흰색 석회 가루가 운동장 저 너머까지 길게 줄을 뻗고 있고 우리 아이들을 닮은 아이들이 교정 가득하다. 또 가운데로 시어머니의 환한 웃음도 함께 있었다. 청백색 띠를 머리에 두른 체육복 차림의 운동회날 모습엔 20년 세월이 훌쩍 뜀박질한 시간을 말해 주고 있다.

미국의 토머스 홈스 박사는 스트레스 평가 척도를 참고하여 스트레스 지수 측정 테스트를 만들어 발표하였다. 사람이 받을 수 있는 수치의 상한선을 100으로 볼 때 친하게 지내던 가족이나 친척이 사망하면 60, 최근 이혼하면 70, 배우자의 사망은 사람이 받는 최고의 스트레스를 받는단다.

세상에서 가장 무거운 것이 무엇이냐고 누가 나에게 묻는다면 주저 없이 말할 수 있겠다, '눈·꺼·풀'이라고. 젊은 날 남편은 젊었던 탓이었을까? 병은 오랜 시간 통증을 담보 삼으며 시난고난 이어지다가, 어느 쯤엔 소모성 질환임을 확인이라도 시키듯 피골이 상접할 때쯤, 마지막까지 놓지 못했던 삶에 대한 본능적인 힘마저도 빼앗아 갔다.

상실의 아픔은 내 삶의 휴식을 불면으로 몰아세웠고 몸은 가눌 수 없는 상흔으로 온통 뒤흔들리고 짓눌려 있던 날이었다. 다 잊고 한 시간만 잠을 이룰 수 있었으면 좋겠단 생각도 이미 포기한 지 오래다. 불면의 시간들 앞에서 눈꺼풀은 아주 무거운데도 눈을 다 덮지 못하여 잠을 못 이룸이던지. 아니, 잠을 못 자 눈을 덮지 못했나 보다. 온통 밤을 하얗게 표백시키기를 지치게 반복해 내고 있었다.

미치는 것이 별것이 아니란 생각에 도달할 즈음 방바닥에 등을 대고 며칠을 누워 있어도 배고프다는 생각도, 새끼에 대한 에미로서의 본능적 힘도 방 안 가득 모여드는 빛줄기에 둥둥 떠 있는 미세먼지만도 못하던 날이었다. '야야, 네 새끼들은 어쩌려고….' 근심 가득한 시어머니의 음성은 뒤척이며 내던지는 내 지친 육신에 소리 없는 소리 되어 깔렸다.

세상의 슬픔은 온통 내 슬픔이라는 생각으로 손 하나 까딱하지 못하던 볕 바른 날이었다. 고등학교에 입학한 큰애가 현관에서 신발을 신으며 다녀오겠다고 인사를 하던 중 대답 없는 내 행동에 왈칵 울음을 쏟아낸다. "엄마만 아빠가 안 계신 게 아니잖아요." 그래 맞다. 지아비 잃은 내 슬픔만 설움이고 아빠 잃은 아이의 힘든 마음이나 아들 잃은 어머니의 찢어지는 마음은 한 번 헤아려 본 적도, 헤아리려고 한 적도 없었으니 말이다.

그렇게 서너 해가 지나고 어머니가 형님네로 가신 후, 다시 그만큼의 세월이 지났을까. 연세도 있으셨지만 아들 잃은 슬픔에 정신줄마저 놓아 버렸다며 형님의 전해 오는 소식의 말미에는 "길을 잃은 어느 하루는 조카들까지 온 식구가 동원되어 겨우 찾았다, 화장실의 쓰고 버린 화장지를 비닐봉지에 싸서 서랍장에 갖다 두었더라."는 둥 온전한 일상생활이 힘든 어머니 근황으로 이어졌다. 온 가족들 신경은 날이 설 대로 서고 형님 목소리도 지쳐갈 때쯤이었다.

어머니의 계속되는 이상 행동에도 가족들이 익숙해질 무렵이었던가. 들숨 없는 날숨으로 어머님은 당신의 삶과 영영 외로운 이별을 하고 말았다. 아들 앞세운 참척의 아픔에 그 길 따라나선 어머니. "야야, 네 새끼들은 어쩌려고…." 하신 말씀은 당신 손자에 대한 욕심인 줄만 알았었다.

오랜만에 어머니를 사진으로 마주하는데 얼굴은 따뜻이 웃고 있어도 마음은 온통 시리다. 이가 아프다고 '틀니라도 해 넣어야겠다.' 하다가 아들의 병세가 짙어져 미뤘었는데 어머니의 그 '잠시'는 평생이 되어 마음속에 무거움 짐으로 남아 버렸다.

어머니의 얼굴 가득 넘치는 함박웃음에 사진 속 이 빠진 자리의 헐렁한 잇몸도 덩달아 웃음꽃이 만발하다. 시간의 뒤안길에서 웃던 내 웃음자리 위로 마음은 온통 시려 오고 사진에 담지 못한 기억 속의 흩어진 영상들을 주워 되감아 보았다 .

손자들 운동회를 보러 나왔던 나무 그늘에 양산과 같이 달리는 손자들보다 더 빨리 결승선을 타고 있던 어머니의 손엔 아이들이 달리기하여 받아 온 공책 몇 권이 들려 있다. 이십여 년 세월이 흐른 자리 그곳으로 길을 나서면, 금방이라도 뵐 수 있을 것 같은 모습으로 사진 속 어머니는 그렇게 자리했는데 더 이상의 기억은 허락되지 않는다.

마음 읽은 가을볕도 하마 미안한 마음에 사진 속 어머니의 등 뒤로 미끄러지고 있다.

반지

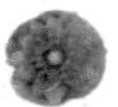

"윗옷 벗고 여기로 발 뻗어서 누워 훨씬 편해." 긴 쿠션을 건네주며 말한다. 배 깔고 나란히 누웠다. 이 동네를 떠나 산 지 십여 년이 훨씬 지났다. 언제 보아도 반갑고 편안하다. 골목 하나를 두고 대문이 마주한 이웃으로 살았었다. 저녁 식사 시간에 갑자기 지인이 방문하게 되는 날, 밥이 모자라면 밥공기 들고 밥솥에서 밥을 퍼 와도 되는 이웃이다. 반찬을 하다가 고명으로 쓸 파가 없으면 슬리퍼 끌고 얼른 냉장고 뒤져 파 몇 뿌리 가져와도 되는 편함이 같이한 언니이다.

내 집, 네 집의 구분이 필요하다면 살고 있는 사람들이 각각 다른 정도랄까. 아파트가 생기면서 살던 집을 새로 고치느라 신경 쓰느니 이사를 간다며 한 집씩 떠났다. 다분히 시류를 거역하기 힘들다는 억지 주장을 펴면서 이사를 갔다. 육체의 편안함과 만족감을 찾는 대가로 이웃의 마음 따뜻한 정을 저당 잡히며 서로는 살고 있다.

오랜만의 만남이다. 이야기꽃을 피우다 무심코 언니 손에 낀 낯익은 반지에 눈이 갔다. "그 반지 이제도 껴 언닌?" 하고 묻자 아이처럼 배시시 웃는다. "그러게. 액세서리를 별로 즐기지 않는데 가끔씩 끼고 싶은 날이 있어."라며 손가락에서 빼어 보다가 다시 끼운다. 당시의 셈으로 순금 석 돈 정도라 했었다. 꼈다 뺐다 하느라 그랬는지, 아니 어쩌면 처음 언니 손에 올 때도 그랬는지도 모르겠다. 그 가운데 부분이 약간 볼록하듯 하고 그 언저리로 꽃의 문양을 새겨 놓은 것 빼고는 밋밋하니 흔한 반지였다. 중앙의 볼록한 부분을 빼면 둥그런 모양은 울퉁불퉁 구부러져 있다.

근 사오십 년 전 언니가 고등학교 때였다고 했다. 처음 시골 동네에서 어머니는 반지계라는 이름의 계 모임에서 순번이 되어 그 반지를 얻게 되어 얼마나 좋아하셨는지 모른단다. 금이 너무 귀하던 시절이어서인지, 반지라는 물건이 귀해서인지는 모를 일이다. 어쩌면 그런 손가락 호사를 누려 보지 못함이 더 컸을 수도 있겠다.

끼고 있으면 닳아 버릴까 봐 흰 무명천에 싸 놓았다가 다시 꺼내서 손가락에 껴 보기만 했다. 외방이라는 이름으로 나들이하고 나면 어딘가에 잘 두었다가, 또 꺼내 끼고를 반복하셨다. 적당히 두었으면 얼른 눈에 들어올 것을 잘 둔다고 그걸 두고는 찾지 못해 애쓴 일이 수도 없었다.

어느 겨울 방학, 집에 갔는데 뭔가 못 찾아 허둥대며 애쓰는 어머니를 보고 뭘 찾는지 여쭈니 대답도 하지 않았다. 반지를 찾는다는 느낌에 애쓰는 양이 너무 안쓰럽기도 하고 속상한 마음에 "그 반지 잃어버려 잘됐다."라는 말을 하고 나왔다. 자취방으로 돌아오는 버스 안에서, 홧김에 뱉은 말에 얼마나 죄송하고 후회되던지 난생처음 가져보는 금반지를 애타게 찾는 어머니 얼굴이 밟혀 한참을 울었노라 말했던 기억이 난다.

보리밭에 순이 추위에 파르르 떨며 고개를 내밀던 때였다 하니 이듬해 따지기때나 되었던 모양이다. 양지에선 봄볕이라고는 하나 절기와 상관없이 바람살이 거칠고 찼다. 구불구불 구부러진 검은 밭담 위로 그림자 길게 드리워지면 이내 추워졌다. 장갑이며 양말을 덧신었다 해도 손과 발은 시리고 차던 날, 김매러 갔던 어머니가 밭에서 밤늦도록 돌아오지 않았다. 걱정하며 밭으로 가는 길 어느 어귀에서 만나 뭔가 서두르는 기색으로 집으로 왔단다. 다음날도 가고 또 다음날도 어머니는 같은 길을 갔다. 농사일이 그렇듯 일이 많아 그러는 줄만 알았는데 얼굴 가득 피로 대신 근심이었다.

이튿날도 반복하며 밭으로 나서는 몸은 온통 편치 않은 기색이었다고 했다. 비 오는 날도, 차고 거친 바람살이 문풍지를 때리던 날도 여지없이 어머니는 그 길을 밟았다. 그날도 '집에 두고 올 것을 뭐하러 끼고 왔을까?' 하는 생각이 어머니 머릿속 가득하였다. 반지를 끼고 일을 하면 밭 매느라 닳아 버릴 생각에 몸뻬 주머니에 넣어 두고 일을 했다. 마치고 집에 오는 길에 반지에 생각이 미치자 주머니를 뒤졌으나 덜컹, 그 길로 다시 어스름 길을 잰걸음을 타고 밭으로 되돌아갔다.

그 넓은 밭 어느 어귀에서 찾을까. 얼마나 아끼는 반지인데 하는 생각에 온전하던 정신마저 뒤섞어 놓을 듯하셨다 한다. 며칠을 두고 그런 딸의 모습을 본 미수를 바라보는 친정어머니께서 안타까운 마음에 "아이고 야야! 그게 대체 얼마짜리더냐 내가 하나 사 주마." 하였다. 반지를 찾아 정신없이 다니는 쉰 넘긴 딸의 모습에 친정 어머니가 다니러 왔다가, 어느 날 요판 아래 꼭꼭 숨겨 놓은 돈을 파내어 언니가 끼고 있는 금반지를 사 주었다는 그 반지였다.

다신 빼놓는 일 없이 어머니 손가락에서 반지는 어머니의 생과 같이하다가 반지의 생도 다함인지 언니의 손가락을 장식하고 있다. 손가락을 펴며 반지를 뱅그르르 돌려 보더니 "어머닌 밭일하느라 손마디가 굵었을 텐데 이 반지가 어떻게 내 손가락에 딱 맞춤처럼 맞는지 모르겠어." 이쪽저쪽으로 몇 차례 굴리듯 돌린다. 돌리는 동작 사이로 옛 기억들도 맞물리며 돌아가고 있는 모양이다.

마주한 얼굴 속 눈동자가 촉촉하게 젖고 말끝도 생각에 베인다. 특별히 예쁠 것도 없는 반지는 가운데쯤, 세공한 꽃문양이 희미하게 닳아 버린 그 위로 보고픈 얼굴이 자리하고 있는 듯하다.

세월의 어느 한 귀퉁이에서 아무렇게나 던지듯 흘린 '잘됐다'는 말에 생각은 아직도 차이다가 죄송함이 고여서일까. 곧게 편 손가락 위로 눈을 거두어 내지 못하며 머물러 있다. 미수를 훌쩍 넘긴 그녀의 할머니가 살아계시면 손녀의 아린 가슴 위로 '이리 내라.'고 또 하셨을지 모를 일이다. 반지가 갖는 황금의 가치는 사라지고 덧대며 녹아든 감정이, 모계로 이어지는 순금보다 더 순도 높은 정情의 크기로 언니의 마음 밭에 자리함이다.

원본대조필

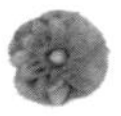

화장대 앞 스툴을 꺼내어 앉아 거울 속에 비친 나를 본다. 최소한 같이 마주하여 오랜 시간 동안 겪지 않으면 알 길 없는 내면은 모두 배제하고 외양만 하나하나 뜯어 본다. 썩 예쁘다는 생각이 드는 구석이 없다. 뜯어 보아 이런 데 조합하여 보면 구조도, 배열도 이처럼 개성적으로 생긴 얼굴도 흔치 않으리라.

하지만 눈을 보니 크지도 작지도 않고 사물을 보고 관찰하는 시력은 정상이다. 코는 살짝 납작하지만 그건 보는 사람의 몫이고 호흡하는 데 전혀 지장 없다. 현관문을 열고 거실에 발을 들여놓으면서 애들이 통닭을 주문해 먹었는지, 라면을 끓여 먹었는지 구분이 확연할 정도니 이도 문제없다. 무엇보다 비가 쏟아질 때 납작하다 하여 빗물이 코로 들이칠 염려 없으니 말이다. 입술도 예쁘지만 않을 뿐이지 음식을 먹을 때 흘림을 막아 주고, 특이하게 생겨 발음이 부정확한 것도 아니니 이도 기본은 통과된 듯하다. 문제는 보는 사람이 살짝 불편해할는지 모를 뿐.

어찌하리. 생긴 대로 사는 수밖에.

거울에서 눈을 거두고 동창 모임이 있어 화장하기 시작했다. 나이 지긋한 어떤 분은 이런 작업을 '분탕질'이란 말로 폄하도 한다. 나이를 속인다기보다는 세월의 흐름에 따라 점점 자신 없어져 가는 나를, 보는 이로 하여금 좀 덜 불편하게 하고 싶어 화장품도 사고, 화장대 앞에 앉아 이렇게 시간도 할애함이다.

서둘러 약속 장소로 갔다. 두 달에 한 번 만나는 동창 모임이지만 어느 달은 내가, 어느 달은 다른 친구가 참석지 못하여 더러 반년에 한 번 보는 예가 한두 번이 아니다.

여인들 모여 앉혀 놓으니 시끌벅적하다. 주위를 살피다 목소리를 한 톤 내리자고 누군가 제의하여 그러는 듯하더니, 이 나이에 누구 눈치 보면서 살았어야 그도 좀 오래 가지 이내 같은 높이로 다시 돌아왔다. 그중에 익숙지 않아 본 듯도 하고 알아보지 못하는 마음에 미안함이 함께하는 자리였다. 자주 참석하지 못한 죄스러움이 섞여 말꼬리를 적당히 내리며 물었다. 옆에 앉은 경숙이가 거든다.

“정민이잖아. 모르겠지? 호호호.”

대답을 하는데 주변으로 야릇한 그 기운이 번지면서 킥킥거린다. 화제는 자연스럽게 ‘뜯어고치기’로 바뀌어 갔다.

‘그것 봐라. 돈 들이니 동창도 잘 몰라 보잖냐.’는 식의 분위기 맞추느라 거드는 품 또한 살짝 과장된 행동이라 웃겼다. 오십 줄에 들어서서 사회적으로, 경제적으로 남편들은 일정 위치에 있지, 애들은 상아탑이라 말하기엔 빛바랜지 오래지만 어쨌건 교육비의 마지막 단계에 걸쳐 있지, 시간은 팽팽 남아돌지, 가끔 ‘난 뭘까?’라며 자신의 정체성을 들었다 놨다 의심은 가지, 문득 세월 앞에서 거울 속의 자신을 보니 발악하듯 나이를 거스르고픈 행위의 발로였을까?

이렇게 시작된 ‘고치기’에 대한 이야기는 시작일 뿐 너도나도 보톡스를 맞았느니, 실리콘을 주입했다느니, 찢었다느니, 앞트기니, 뒤트임이니 별별 방송에서나 듣고 보던 걸 가까이서 확인하며 쉬쉬하다가 봇물 터지듯 쏟아낸다. 이야기는 뭉게구름 피어나듯 허공으로 번진다. 분위기와 헛도는 사람처럼 의아한 내 눈빛은 그 생경함에 반짝거리며 사태 확인 차 두리번거렸다.

어쨌건 주름도 나보다 훨씬 덜해 보였고, 피부도 그렇다고 생각하며 보아서 그런지, 사실이 그런지 다림질해 놓은 것처럼 매끈해 보였다. 왼쪽에 앉은 친구가 눈을 찌를 것 같은 동작을 취하며 “너도 이 눈가 쪽 주름을 이렇게 살짝 좀 당기면 훨씬 예뻐 보이겠다.”라고 말한다. 처지고 나서 하느니 조금 일찍 서두르면 덜 처져 예뻐 보이고 덜 불편하다는 지론이다. 듣기엔 그럴싸했다. 다만 당장 불편함이 없고 그 부분에 생각이 달라 행동으로 옮기고 있지 않을 뿐이다.

이야기는 모두의 관심사인 듯 꼬리를 물고 이어졌다.

“죽어서 저승에도 가면 요즘은 빨리 일 처리가 안 된다더라. 하도 사람들이 많이 뜯어고쳐서 그 사람이 맞는지 원본이랑 대조해야 하는데 ‘원본대조필’이라는 고무인을 찍는 사람이 너무 바쁘대.”

그 말에 자리한 모든 이의 웃음은 크게 날아가며 이순을 코 앞에 둔 여인들의 빵빵한 허리통 같은 곡선을 긋는가 싶더니 이내 허공에서 흩어졌다. 이어 누군가가 또 말한다.

“그래서 요즘은 며느릿감 고를 때도 고3도 말고 고2 때

사진을 보자 한다더라. 졸업반인 고3부터 고치기 시작하면 원판을 몰라서 확인한다는 거지. 다 뜯어고친 후라서 확인하지 않고 2세를 낳으면 에미, 애비 안 닮아 그제야 이 검사, 저 검사 받으며 정신없이 이리 뛰고 저리 뛰느니 확실히 하자는 거지."

이야기는 엉뚱하듯 하면서도 다들 할 수만 있다면 하겠다는 반응이 압도적이다.

늙어 간다는 것에 대한 두려움과 추해져야 하는 자연현상에 맞서 신의 영역에 칼질이라도 하여 '이제 그만!' 하며 금이라도 긋고 싶은, 사람이라는 존재의 가벼움에 씁쓸하면서도 거역하기 힘든 긴 여운을 갖게 하는 시간이었다.

이 나이 즈음에서 재확인되는 '예쁨표 현실'에 나는 적이, 아니 다분히 자위하듯 안도감을 내쉬었다. '계란녀'라거나 'V라인' 운운하는 이색 얼굴 용어에 굳이 신경 쓰지 않아도 되고 이어 칼끝의 묘기로 주먹만 한 크기의 계란형 얼굴을 고집하며 뼈를 깎는(?) 생고생은 면할 수 있으니 말이다.

시쳇말로 나이 오십이면 외모도 평준화가 된다지 않는가!

만 원의 행복

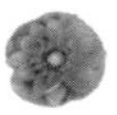

더운 날이다. 시폰 원피스를 입고 나왔는데 치맛자락 한 끝 움직임이 없다. 대칭으로 서 있는 건물의 물그림자가 곱다. 도립미술관의 현대식 건물은 수면 위로 건축물보다 더 곱게 서 있다. 그곳을 지나며 본 물그림자 위에 비친 내 모습에서 나르시시즘을 맛보았다면 지나침일까.

미술관에서 강의가 있는 날이다. 세계 거장전인 '나의 샤갈 당신의 피카소'라는 짧은 문구가 강하게 유혹하여 다녀왔다며 아는 언니가 꼭 가보라고 권했었다. 강의를 신청하게 된 이유도 기실 특별히 미술적 감각이 있어서도, 그림에 대한 눈높이가 있어서도 아니다. 아이들과 1인 만 원인 티켓을 구입하여 거장전을 관람한 직후다. 책에서나 보던 샤갈과 피카소 같은 거장들의 작품을 볼 수 있다는 생각만으로도 좋았다.

미술관 건물 자체에 놀랐고 이런 곳에서 문화 강좌가 있다는 것도 새롭다. 최근 들어 여기저기 미술관이며 박물관 등 문화 공간이 많이 생겼지만, 다른 지역에 비해 지리적 여건으로 다양한 문화를 접할 기회에서 소외되고 있다는 생각을 종종 했던 터라 새로움은 더 컸다.

그날 강의는 '동양화의 이해'에 대한 것이었다. 거실에 걸려 있는 그림이며 집에 갖고 있는 몇 점의 그림을 이해하는 데 좋은 시간이었다. 강의가 진행될수록 멀게만 느꼈던 미술 작품이며 미술품에 대한 뒷말도 더러 가까이에서 접할 수 있었다.

서양의 그림은 바라보는 것이라면 동양의 그림은 그림 속의 사람이 되어 바라보는 것이라고 설명한다. 또 가로로 긴 그림은 오른쪽에서 왼쪽으로 읽는 것이 아주 특별한 경우를 제외하고는 보편적이며, 그림 속의 사람이 움직이는 것은 단순한 움직임이 아니고 시간과 공간의 움직임을 묘사한 것이라고 한다.

그림의 이름도 가로의 긴 그림은 권이라 하고 세로로 긴 그림은 축, 혹은 두루마리라 부른다고 했다. 동양화에서 해나 달을 그릴 때 사물을 직접 그리지 않고 여백을 두면서 그려나가 해나 달을 도드라지게 나타내는 화법을 쓴다고 했던가. 그러고 보니 해와 달이 서양화에서처럼 선명하게 도드라진 그림을 본 적이 없었던 것 같다.

달밤 담장 아래서 두 정인情人이 돌아설 듯 말 듯한 혜원 신윤복의 그림 〈월하정인〉의 그들이 만나던 날도 그믐달이었을까. 야심한 시간에 아무도 몰래 만나던 날도 정인을 본 것은 미안스럽게도 달, 눈꼬리 치켜든 달밤이었지. 동양화엔 서양화와 달리 그림자가 없다는 사실도 강의를 듣고 처음 알았다.

얼마 전 제주 작가의 강의 중 추상에 대해 설명을 하는데 잔가지를 버리고 가장 중요한 하나의 줄기를 찾아(그려)내는 것이라고 하였다. 그것은 애매한 것이 아니고 지극히 선명해지려는 과정이라는 말이었다. 곱씹을수록 의미가 심오하다. 추상화라 하면 지극히 주관적이라서 보는 사람이 해석하기 나름 정도로만 알고 있었는데 만 원이 주는 강한 울림이었다.

나무 그늘에 잎사귀 사이로 내리꽂는 태양빛에 눈이 시려 손차양하면서 멀리 눈을 주었다. 미술관 하늘 위 구름을 성긴 '질구덕'으로 건져내니 나머지 파란 하늘은 온통 여백이다. 하늘마저도 여백이라서 더욱 곱다.

봄날은 간다

서둘렀다. 오늘은 정기봉사활동차 사진관에서 이곳 노인시설 어르신들에게 영정사진을 찍기로 계획된 날이다. 언제부터인지 영정사진이라 하면 듣는 이도, 말하는 이도 어감이 안 좋아 '장수 사진'으로 이름을 바꿨다 한다.

촬영할 어른도 여럿이지만 거동이 불편하다 보니 사진 찍으려고 정해 놓은 의자까지 예닐곱 걸음을 딛는 것조차도 때론 힘겹다. 더러 부축도 해야 하니 아무리 서둘러 진행한다 해도 마음만 바쁠 뿐, 어르신들 걸음이 뜀박질로 바뀔 일도 아니니 더욱 그렇다. 곱게 단장하여 사진 찍게 된다는 설명에 몇몇 분은 마냥 흐뭇해 하신다.

그래도 젊던 날, 어쩌다 마실 길엔 '구리무'라는 것을 바르고 빳빳하게 풀물들여서 곱게 손질한 흰색 모시 적삼에 노란 삼베 치마를 색 맞춰 입고 나섰던 이후 화장해 본 기억을 못 하겠단다. 거울 앞에서 화장해 보는 것도 오랜만의 일이리라.

넓은 거실, 둥그렇게 배치된 소파 위에 앉아 한복을 곱게 차려입은 할머니가 나온다. 구부정한 허리와 엉성하게 가늘어 버린 다리는 몇 발 옮기는 것임에도 상체와 불균형으로 가랑잎 새로 이는 바람처럼 휑하다. 옷고름을 매어 드렸다. 새색시처럼 수줍게 웃는 웃음 사이로 헐렁하게 잇몸도 따라 웃는다. 분칠한 얼굴에 홍조마저 주름 안으로 끼어들어 세월이 훑고 지난 웃음 자리가 순박하다. 아이들한테서만 천진하게 귀여운 모습을 찾는 줄 알았는데 순진한 모습이다. 아이들을 대상으로 흔히 쓰는 귀엽다는 표현 말고 그 모습을 달리 재현해 낼 재간이 없다.

더디다. 다 차려입고 다음 차례를 기다리는 한 할머니가 뭔가를 요구한다. 극구 다른 옷으로 입겠단다. 지금도 충분히 곱다고 말씀 드려 보아도 한사코 갈아입겠노라 고집하였다. 하는 수 없이 입는 것을 도우며 정해진 시간에 바삐 움직여야 하는 것에 나도 몰래 목소리에 짜증이 묻었던 걸 아는 것일까.

“우리 막둥이가 미장 일 해서 해 준 옷이야.”

묻지도 않았는데 말꼬리에 힘이 새어 나오는 게 미안함이 깔려 있다. 아흔을 바라보는 연세에 막내가 해 주었다는 옥색 한 벌을 입은 할머니는 마치, 남의 옷을 빌려 입은 것처럼 치마는 길어 질질 끌리고 어깨선은 한쪽 팔만 끼우다 만 듯 헐렁하다.

시설에 입소할 때 갖고 온 물건이라서 그럴까. 키도 몸피도 줄어 옷은 헐렁하게 커 보이는데, 생각은 오롯이 막둥이가 옷을 해 주던 그때의 기억에 머물러 제일 고운 옷으로 기억함이다. 희로애락에 끄달려 살 나이는 이미 지나서일까. 늘 무표정하던 모습 위로 오랜만에 이 하나 없는 입이 귀에 걸리고, 웃음은 몇 겹 주름 사이 눈언저리로도 헤실바실하다. 화장하는 내내 좋아라 웃음 걸린 모습을 보노라니 천상 여자다.

생활한복으로 색깔 맞춰 입은 한 할아버지. 마지막으로 사진을 찍어서 모든 이의 이목이 당신에게로 쏠림을 알고는 그 어색함에 멋쩍어한다. 서너 번의 헛기침과 양손을 맞잡았다가 풀어 놓고 다시 가지런히 모아보기도 한다. 뭔가 부자연스러운지 않은 자리에서 몸의 균형을 잘 잡은 듯한데 중심을 또 고쳐 앉는다. "여기를 보세요." 하는 사진사의 주문에 눈만 돌리면 될 것을 몸까지 옆으로 가누는 바람에 다시 찍어야 했다.

교장선생님으로 퇴임했다는데 사소한 것에도 당신 맘에 안 들면 지적을 한다. 당신 마음에 안 드는 것을 극구 고쳐놓으려 한다. 같은 생활실에 있는 생활자도 지적당하는 일에 언짢은지 "당신이 뭔데 지적질이야…." 하며 핏대를 올려 간간이 실랑이 벌이는 바람에 직원들 모두 알게 된 분이다. 입소한 지가 얼마 안 되어 이곳 생활에 익숙지 않아 더 그렇기도 하다.

다시 찍으려는 순간 "저, 저, 저…." 뭔가 또 못마땅한 일이 눈에 걸렸나 보다. 눈들이 일제히 '저. 저….' 하며 바라보던 곳으로 약속이라도 한 것처럼 모아졌다. 저쪽에 치매 진단을 받고 입소한 한 할머니가 벽을 긁어내기라도 하려는 듯, 반쯤 몸을 돌려 한 손으로 벽을 두드리는 동작이 눈에 거슬린 모양이다. 할머니는 남의 시선이 집중되고 있음을 아는지 모르는지, 구성진 목소리로 갑자기 그 상황을 모면이라도 하려는 듯 시키지도 않았는데 늘 즐겨 부르는 노래 한 곡조를 뽑는다.

연분홍 치마가 봄바람에 휘날리더라
오늘도 옷고름 씹어가며
산제비 넘나들던 성황당길에….

목청도 나이 들면 기가 죽듯 처지고 갈라진다는데 저리도 구성지게 부를 수 있다니 부러움이다. 산제비만 성황당 길을 넘나드는 것이 아니고 할머니는 산제비보다 더 가볍게 성황당 길을 넘고 있다. 음이 고저장단으로 이어질 때마다 맛깔스러운 음색에 듣는 얼굴 모두엔 맑은 음표 가득이다.

지난 어버이날이던가. 어머니를 뵈러 카네이션 꽃바구니를 들고 온 딸을 보더니 정작 딸은 몰라보고 갖고 온 카네이션의 붉은 꽃잎을 떼어 입으로 가져가던 할머니다. "자 – 어르신!" 하고 할아버지를 부르는 사진사의 말과 동시에 찰칵. 지적을 하느라 바쁜 시간을 축내던 할아버지의 모습도 내일이면 '어제'가 되어 버릴 시간으로 가두어지며 '지금'을 찍는 일도 끝났다.

할머니의 노랫소리 사이로 "어머니, 어머니!" 반복하며 부르다 카네이션 꽃바구니를 선반 위에 놓고 돌아설 때였다. 잠시 반짝하던 딸의 젖은 눈빛은 허공에서 흩어졌다. 감정이 일렁이다 흐르던 눈물의 그 정직함 안으로, 내 감정도 같이 이입되어 가슴 한편이 찡하게 뜨거웠었다. 어머니가 아무것도 몰라서 좋을 수 있으려나 안타까움이다. 딸의 뒷모습마저도 아랑곳하지 않고 멍하니 바라보던 할머니 주름 가득한 얼굴 위로 우리의 모습을 미리보기라도 하는 양 감정은 오래도록 펄럭인다.

바쁜 일정을 나르던 봄날도, 할머니가 부르는 노래의 마지막 소절로 이어지는 '연분홍 치마를 휘날리던 봄날'처럼, 다시 못 올 시간 속으로 고운 음색과 함께 그렇게 휘날리다 사라진다.

무장 해제

집에 들어서자마자 보이기 위한 겉치레의 무장을 해제했다. 스타킹을 벗고 편안한 옷으로 갈아입은 후, 습관에 의한 행동으로 화장대에 얼굴을 비춰 보았다. 바깥 생활로 진종일 긴장해 있었던 탓일까. 화장기 가득한 얼굴이 퍼석거리듯 빳빳이 당긴다. 클린징으로 닦아 낸 후 씻기 시작했다. 온몸에 고였던 일상이라는 하루의 시간들이 거침없이 분사되는 물살에 씻긴다. 샤워기의 물줄기는 얼굴을 타고 내린다. 방향을 바꾸느라 샤워기의 손자루가 잠시 거꾸로 천장을 향했다.

자잘하고 정연하게 뚫린 구멍마다 물이 솟구치다 떨어진다. 떨어지는 물줄기 따라 하루 일과도 덩달아 열을 지으며 머릿속을 뱅뱅 돌다 사라지기를 반복한다. 의식적으로 고개를 도리질하며 생각들을 끊으려 했다.

직장에서 한 끝 차이 곡예라도 하듯 마찰을 면하게 된 동료와의 관계. 차라리 맞장이라도 떠 한 성질 보여 준 후 끝낼 수 있다면 좋겠다. 가까스로 숨기며 끓어오름을 억누르느라 강하게 필요로 했던 의도적 용기. 그 자리로 인자한 척 꾸밈 옷을 입어야 하는 감정노동은 팬터마임이라도 준비하고 있음인지 지친 모습이 가득하다.

다 씻어 내리지 못함일까. 모양 그대로 내 안의 생각들이 머리와 가슴을 관통하며 상대를 벼르고 있다가 분사되는 물줄기 따라 흩어진다.

잠시 몰아 쉰 들숨과 함께 일상이라는 '오늘'을 어제의 그것처럼 내 삶이란 이름에 편입시켰다. 목덜미 타고 물고랑이라도 이룰 듯이, 물은 흘러내린다. 흐르는 물따라 고였던 생각들도 덩달아 물줄기를 타며 흐른다. 누가 가정을, 우리 자신을 있는 그대로 보여 줄 수 있는 단 하나의 장소라고 했을까.

닫혔던 마음이 호흡의 크기처럼 열리는 편안함이다.

건강
하십니까
5부

시간 여행

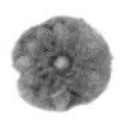

박물관에 도착했다. '신발을 벗고 들어가야 한다.'고 안내자는 낯선 주문을 했다. 그러고 보니 반듯한 쪽마루로 이루어져 절제된 바닥 양식이 생경하다. 익숙지 않은 요구는 전시된 작품을 보며 쪽마루를 걷는 동안 충분히 반감되었다. 큰 전시 공간을 말끔히 손질하고 정리해 놓음이 발을 딛는 것조차 미안스러울 정도였다.

작가들의 작품을 보며 이어진 2층 나무 계단을 밟고 오르자 가까이 산방산 정경이 펼쳐졌다. 손을 내밀어 휘저으면 물의 저항이라도 느낄 듯 자연은 이 박물관에 상당한 전시물을 보태었다. 아니, 자연은 가만히 있었는데 박물관이 자연을 감쌌다는 게 맞겠다.

내려다보이는 곳의 울타리 한 면은 꽃담으로 장식해 만들어 놓았다. 고궁이나 사극에서 보았던 꽃담을 고스란히 옮겨 놓은 듯하다. 색감도, 문양도 은근히 고풍스러운 데다 고급스러움까지 더했다. 인위적으로 만들어 놓은 것이 옛것처럼 저리도 곱다니 놀랍다. 사극의 한 장면을 곁눈질하면 별당 아씨가 스란치마 자락을 끌며 사뿐 꽃담을 금방이라도 돌아나올 것 같다.

이곳저곳을 두루 구경하고 돌아서는 마지막 전시실. 조각조각 세모시를 이어 놓은 것처럼 각양의 크기로 된 유리 작품이 자리해 있다. 하나하나 헤집어 보면 크고 작은 사각형 유리인데 합쳐 놓으니 유명 작품이라는 말을 검증이라도 하듯 조화로움이다. 색깔도 크기도 각각인데 조화로운 배열과 적당히 할애한 면들은 보는 이의 감성을 자극하며 작품이란 이름으로 다가옴일까. 전시한 벽면은 차라리 펼쳐 놓은 색감 고운 커다란 모시 이불 같았다.

건물과 건물 사이의 다리를 건너왔는데 몇 발자국의 거리를 건넌 곳은 시대를 잇는 다리였다. 내 관심은 온통 이곳 전시실에서 놀고 있었다. 박물관 주인이 세월을 두고 모아 놓은 것을 전시했다더니 호사스러운 옛 생활을 엿보기에 충분했다.

일반적으로 사용하는 말에 살림살이 일부를 장롱이라 하여 한뜻으로 쓰고 있으나 구분이 된다고 한다. 쉽게 말하면 장은 내실에 놓이는 것을 말하는 것으로 2층 또는 3층을 하나로 이어서 만든 것과 독립된 단층장 종류를 의미함이고, 농이라 함은 한층 한 층따로 된 같은 크기의 것을 2층 또는 3층으로 포개어 놓도록 설계된 것을 의미하는 것으로 장과 농은 분별해서 써야 함을 시간 여행을 통해 알게 되었다.

대갓집 안방마님이 썼을 법한 빨간색의 주칠 3층장이며 머릿장, 버선장 등, 화려한 문양의 세간들과 이어지는 전시실은 그 시대를 살아온 여인들이 썼던 온갖 장신구가 전시되어 있었다. 오롯이 진열된 물건은 쓰던 시간을 밟는 듯 세월을 착각하게 했다. 놀란 내 눈은 화려함에 무척이나 바빴다. 다양한 종류의 복주머니, 아얌, 산호, 옥, 금과 은, 호박이 재료가 되어 여인들의 손때가 고스란히 엉겨든 커다란 비녀와 머리 뒤꽂이, 가락지들이 형형색색이 자태를 뽐내고 있었다.

노리개는 꼰사를 써 곱게 만들었는데 길게 달린 오색 술이 색감마저 시간이 빗겨 갔음일까. 변색하지 않은 채 현재와 과거의 시간을 아우르며 전시실 안 조명 아래서 요요하게 빛을 내고 있다. 규방 공예품들은 육지라 말하는 곳의 옛 여인들의 화려한 문화를 엿보는 듯 부러움 가득이다.

영상물이나 인쇄물로만 봤었는데 저렇게 화려할 수도 있다니 생각들이 깊이로 잦아든다. 실물로는 난생처음 대하는 생경함이다. 이어지는 공간은 베갯모의 곱고 화려한 색감이 수로 장식한 생활소품들이었다. 모자인 듯도 하고, 공인 것도 같은 둥근 모양의 화려한 색감의 누빔으로 된 물건을 보며 용도를 몰라 '대체 저런 것은 어디에 쓰던 걸까?' 하고 궁금했는데 바로 아래로 주발 용기를 밥이 식지 않게 싸 보온하는 데 썼던 물건이라는 설명이 붙어 있었다.

밥솥이란 물건이 생기기 전, 어머니는 털실로 짠 손뜨개 목도리에 밥 담은 이모노라고 불리던 것으로 만든 주발을 싼 후, 벽장 위 이불을 포개어 놓은 곳에 꼭꼭 묻어 두었었다. 학교 파한 어느 추운 겨울이었다. 아예 차지만 않을 뿐 다 식어버린 밥주발을 다행인 듯 벌겋게 시린 동생 손과 내 손 위를 돌아가며 '그나마 온기가 남았을 것'이란 생각에 돌려가며 동상이라도 걸릴까 봐 손에 잡고 있도록 했었다.

밥상엔 김치나 자반고등어의 짭조름한 맛이 전부인 상 앞에서 그마저도 감사했던 내 유년, 기억의 한 자락은 전시된 화려한 물건 위로 밟히며 마치 아득히 먼 시간이 어제인

듯 아프게 지나간다. 돌아서 본 곳의 부엌살림엔 커다랗게 번쩍번쩍 불이 붙는 듯 화려함이 시선을 고정시켰다. 밥상의 종류가 이렇게 다양할 줄이야.

옻칠한 밥상이나 좀 좋다면 사각의 모서리 부분에 둥그스름하게 각을 내어 멋 내거나, 약간의 자개가 에둘러 붙인 것이 전부라 생각했었는데. 윗면 전부가 보시기만큼씩 온통 자개를 음각으로 박아 놓은 크고 긴 상의 그 화려함에 눈을 뗄 수가 없었다.

섬과 육지라는 지역적 특성이나 거리감에서 받는 문화적 충격이었을까. 직접 쓰는 것은 못 봤어도 넌지시 남의 집 물건이라도 설핏 봤더라면 충격은 덜 하였을 것이다. 시간이 주는 간극인지 공간이 주는 간극인지 어정쩡하게 모르는 척 돌아오는 길에서 잘 장착된 차 안 내비게이션에 다음 목적지를 입력했다.

문화의 간극을 줄이려는 몸부림으로, 옛 시간에 대한 보상이라도 받아 낼 것처럼 스마트 폰으로는 이어질 목적지에 대한 정보를 빠르게 검색해 본다.

아버지와 석류나무

아버지는 유난히 꽃나무를 좋아했다. 하얗게 눈 내리는 계절에 핀다고 하여 이름 붙여진 설중매, 매화나무에 꽃받침이 푸르다 하여 청매화, 붉은색의 홍매화는 봄날 온통 퇴색되었던 계절의 때를 벗기느라 바빴다. 나뭇가지들은 가득 오른 물을 감당하기 힘들어 순들을 틔우느라 가쁜 숨을 몰아쉰다. 흰 가루를 쏟아 놓은 듯 피는 하얀 조팝나무는 시폰치마의 끝자락이 흔들릴 정도의 바람만 불어도 바닥에 점점이 흐드러지다 지쳐 하얗게 꽃잎을 쏟아 놓았다. 가지런히 쌓아 올린 담장 옆은 온통 조팝나무의 흰 꽃잎 천지다.

감귤 수확이 끝나고 난 계절의 끝 – 화장실 가는 길목 쪽으로 큰 관상수인 하귤나무, 아름만 한 단풍나무, 수돗가 옆으로 우뚝 선 은행나무, 연못 뒤로 작은 키에 꽤 튼실한 앵두나무가 있다. 사철 푸른 노가리, 동백, 그리고 대문을 열고 바로 들어오면 마주하는 소나무는 고개를 숙이지 않고는 현관을 들어서지 못하게 낮다. 이마를 나무에 부딪쳐야 하는 큰 윗동아리는 연못을 베개 삼아 내 키보다 훨씬 낮은 위치에 비스듬히 길게 드러누웠다.

가꾸는 게 정원인지, 아버지 당신인지 모호할 만큼 열정과 정성으로 가꾸어 냈다. 울 넓은 정원은 우리에게 계절의 흐름을 쉬 읽을 수 있게 해 주었다. 이즈음의 절기에 한 모퉁이에선 온통 자색과 붉은 물감을 엎질러 놓은 듯 요염한 색에다 또 향기까지 덧대는 게 있다. 향이 천 리까지 간다 하여 온 동네를 취하게 만드는 천리향이다. 아버진 나무 손질하는 것이 일상이면서도 아주 큰일인 양 가꾸었다. 중국의 서태후가 군비까지 써대며 만들었다는 '이화원'이 혹시 아버지가 가꾸시던 정원의 무게쯤이었을까.

색색이 꽃을 피우다 열매를 맺는 유실수 중에 유독 석류나무에 생각이 고인다. 적과 청이 갖는 고운 배색의 석류꽃은 대비된 색깔만큼이나 한여름 고움을 선사한다. 꽃이 뽐내는 자태는 뜨거운 태양열에 익어 사그라질 것처럼 곱다.

조바심치는 양을 조롱이라도 하듯 꽃은 오롯이 꽃잎과 비교되며 더 도도해진다. 그 도도함은 막 주머니 모양의 꽃이 씨방으로 될 즈음이면 비바람 모진 태풍과 마주한다.

태풍이 한차례 지나면 나무에 달렸던 꽃은 반타작이 된다. 이어 오는 또 한 차례를 넘기면 또 그 절반이 되었다가 추석을 넘겨 태풍이 다 지나간다는 그 즈음 큰 나무에 걸린 석류는 한 스물도 채 안 되었던 것 같다. 지친 시간을 견디며 지켜 온 석류는 균열이 되면서 알알이 영근다. 영근 열매의 무게가 땅바닥에 떨어져 터질 듯하다. 그러면서도 때가 아닌 것을 알고 터트리지 않는 석류는 정에 인색함인지, 아니면 표현에 인색함인지 모를 우리 아버지를 많이 닮았다. 전정가위와 면장갑을 낀 채 아버지가 방으로 들어오더니 "자 이거 먹어 봐라."며 너무 잘 익어 쫙 벌어진 석류 하나를 손아귀에 넣고 힘을 주어 두꺼운 껍질을 반으로 쩍 갈라 책상 위에 놓고 나갔다.

고왔다. 석류는 견고하고 딱딱한 껍질을 열고 쫙 벌어진 틈으로 알알이 그 은근하고 투명한 진홍빛 붉음. 꽉 찬 절기와 일기로 충일에 눌려 동그랗다 만 보석들은, 서로의 자리를 양보하느라 살짝 이렇게 저렇게 각을 이루었다. 양보의 자리가 알알이 그 껍질이 보여 준 균열이었나 보다.

몇 알을 입에 넣어 차마 깨물기 아까워 혀로 굴려 본다. 혀에 닿는 느낌이 참 좋다. 살짝 깨물어 보았다. 투명하고 싱그러운 맛이 입 안에서 톡하고 터진다. 과즙의 단맛과 살짝 신맛이 석류 특유의 향과 어우러져 입안 가득 머문다. 두어 방울 먹다가 얼른 잘생긴 한 알을 약지 위에다 올려놓아 보았다. 예쁜 보석 반지처럼 곱다.

상실의 아픔을 밟던 몇 해. 아버지는 늘 나를 보면 무엇인가 참아 내려 무던히 애쓰는 모습이 역력하여서 눈을 마주할 수가 없었다. 어쩌다 무의식적으로 마주칠 땐 아버지도 나도 허공에다 눈을 의식적으로 들어 올렸다. 올린 눈을 감아 내리며 부딪히는 순간 "너한테 해 줄 말이 없다."며 시선을 돌리며 언뜻 마주한 눈자위의 붉음. 난 그 자리를 감당키 힘들어 순간 박차고 아버지의 방을 나서며 참았던 울음을 토해 내고 말았다. 이어 내 의지로 어찌 할 수 없었던 불효를 사죄하고 있었다.

'아버지 죄송합니다.'

석류가 속살의 싱그러움과 투명한 고움을 감싸 안으려 그 둔탁한 껍질에 엉기며 균열이 몇 번 거듭되는 시간이 지났다. 딸을 생각하는 것만으로도 힘들었을 아버지는 볼썽 사나운 딸을 다시 아니 보아도 되었고, 다신 부녀간의 시린 가슴을 마주하지 않아도 되었다. 그때 참다 토해 내었던 내 눈물도 붉음이고, 그 모습을 지키던 아버지의 흰자위도 온통 석류보다 더 투명하게 엉긴 붉음이었다. 잎의 푸름이 더해 갈 무렵의 석류꽃은 온통 붉음이다.

지금도 마당엔 주인 잃은 허함에도 계절에 겨운 석류는 푸르다 지친 자리로 또 붉음을 손짓하겠지.

건강하십니까

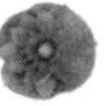

몇 해 전. 방송에선 70대 노인이 한라산 등반을 하다가 갑자기 쓰러져 헬기로 이송 중에 숨졌다는 내용의 보도가 있었다. 아는 이들과 모임 후 저녁을 먹으며 그 이야기는 화젯거리가 되었다. '나이가 있는데 어찌 위험한 한라산 등반을 그렇게 하였을까?' 하는 쪽과 '그래도 그렇게 정정하게 하고 싶은 일을 하다가 종명하는 것도 복이다.'는 쪽으로 이야기는 양분되었다.

어느 말이 옳고 그름인지는 모르겠다. 전자처럼 그 어른이 정말 어쩌다 한번 한 등산에서의 사고라면 '그 나이'는 문제가 되겠다. 하지만 등산을 할 수 있을 정도의 신체적 건강 정도가 고인의 일상이었다면 문제는 다르다.

8, 90을 가볍게 넘기며 생을 살아가는 흔한 말로 나이는 숫자에 불과하다는 생각을 하는 이들이 많음을 본다. 요즘 사회는 고령 사회에서 초고령화 사회로 진입하는 과정이라고들 한다. 그렇다면 글자 그대로 종명이긴 하지만 나이가 아직은 아깝다는 생각이 들었다. 산과 들, 도심 요소요소에 많은 공간이 운동할 수 있도록 만들어진 장소가 늘어나는 것이 그렇고, 그런 공간마다 남녀노소 할 것 없이 각기 심신 단련으로 나름 바쁘다.

오래 살겠다는 장수의 의미보다, 바쁜 일상 속에서 사는 동안 아프지 않고 내 의지에 의해 살아가고자 하는 이들이 많음일 게다. 의술의 발달과 더불어 추구하는 삶의 질은 먹거리만 해도 단순히 '먹는다'는 과거의 '배를 불림'처럼 양의 문제에서, 질의 문제로 바뀐 지 이미 오래다. 섭취하는 일보다 섭취한 것에 대한 대사량을 적절하게 소비하는 일이 더 큰 문제로 주목 받고 있다. 비만이 개인의 문제가 아니라 국가의 문제로 자리매김하고 있음이 그에 대한 반증이다.

나잇살이라 말하는 지방층의 두께로 작은 키에 신체의 위, 아래 구분하기 힘들게 펑퍼짐한 것이 움직임이 둔하다. 흔히 말하듯 그 나이에 맞는 '나잇살'이라 궁색하게 갖다 붙여 보지만 친구들을 보면 날씬하니 옷맵시가 곱다. 그러고 보면 나 또한 군살을 정리하지 못한 것이 관리가 안 된 사람임이 분명하다. 때론 비만을 탈피하지 못하는 것이 게으름이나 의지 박약으로 치부되어 신체가 주는 핸디캡이 정신세계마저 의심하게 하니 참 여러모로 문제다.

추석 지난 연휴쯤이다. 그날도 입이 요구하는 대로 먹어댄 짐작도 있고 방에서 뒹구느니 동네라도 한 바퀴 돌고 올 생각이었다. 많은 사람들이 즐겨 찾는 해안선을 에돌며 산책로를 만들어 놓은 곳으로 소화도 시킬 겸 운동 삼아 나섰다. 오후 늦은 시간이지만 꽤 많은 사람들이 오갔다. 그들 중엔 꾹 눌러 쓴 모자에 어두운 안면 마스크까지 착용한 이도 있었다. 한밤중에라도 보면 겁이 날 만큼 칭칭 얼굴을 감아댄 모습이 마치, 바늘구멍만 한 곳으로 햇빛이라도 들면 해를 당장이라도 뭉개버릴 것 같은 분위기의 중무장이었다.

경보에 가깝게 속도를 내며 걷는 이, 팔을 돌릴 수 있는 한계에 도전하듯 한껏 돌리며 걷는 이, 양손에 깍지를 낀 채 깍지박수를 치며 걷는 이, 단순히 걷는 것이 아니라 이러저러한 모습을 하며 나름의 몸을 다듬고 있었다.

완만하게 이어지는 모퉁이를 돌아서는데 멀찍이서 키 큰 사람이 이쪽으로 걸어오고 있었다. 배가 불룩하게 튀어나오지 않은 것을 보니 나름 열심히 몸 관리를 한 사람임이 분명하다. 허리 둘레가 만만찮은 내 모습과 비교하며 순간 부럽기까지 했다. 그 사람은 양팔을 앞으로 나란히 내밀고 다시 내리고를 반복하며 저만치서 마주하며 걷고 있었다. 때론 큰 소리로 '워워' 하는 소리까지 번갈아 질러대며 말이다.

한 사오 미터 가량을 남겨 둔 거리에서 느닷없이 "사나이로 태어나서…."로 시작되는 군가를 크게 부르며 행군하듯 걷는 것이 아닌가. 티브이에서 국군의 날 행사에서나 봄직한 열병의 모습처럼 팔과 겨드랑이를 직각으로 유지하며 걷고 있었다. 시쳇말로 '헐!'

순간 양팔을 교대로 크게 다리의 움직임에 맞추어 내젓던 난 그만 움칫했다. 고대 로마의 시인인 유베날리스는 "건강한 육체에 건강한 정신"이란 말을 썼다. 건강은 육체적인 관리나 정신적인 노력만으로 얻어질 수 있는 것이 물론 아님을 말하고 있다. 육체의 관리는 물론이고 심리적, 그리고 사회적 안녕, 감성적 욕구의 충족이 적절하게 조화를 이룰 때 만들어지는 것이라고 그래서 한 걸까. 중요한 것은 다양한 요인들 간의 조화로움이다.

일상생활이 남의 손에 의지하지 않거나 도움 없이 이루어진다면야 문제될 것이 없겠다. 내 의지와는 상관없이 늘려지는, 그리고 늘어난 평균수명이며 기대 수명은 '노인'이라는 단어에 대한 정의를 새로이 요구하고 있다. 자연스러운 생명의 연장은 새해 인사로 오가는 덕담 중 '오래오래 사세요.'라는 말보다 '건강하세요.'라는 인사가 훨씬 친근하게 들린다.

그런 말을 듣고 싶은 이야기 중심에 우리가 아닌, 바로 내가 서 있음이다.

정情

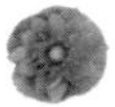

지금이야 어디 그러랴. 한 이십여 년 전만 해도 집에 와서 TV를 켜면 쉰세대고 컴퓨터를 켜면 신세대란 말이 나름 공감대를 형성하며 설득력을 얻을 때였다. 쉰세대든 신세대든 너나없이 정보의 범람 속에서 필요한 뭔가를 찾으려 컴퓨터를 켜 놓으면 그 정보를 찾아가는 길도 어렵지만, 정보보다 찾아가는 동안 그 길목의 쓰레기를 정리하는 게 때론 번거로울 때도 잦아 복잡한 생각에 TV를 켜 본다.

한 프로가 끝났는지 광고 시간이다. 어느 제과 회사의 제품에 한자로 '情'이라 딱 한 자를 흘림체로 써 놓곤 회사 이미지를 있는 대로 부각한다. 아이들이 어렸을 때부터 보았던 광고다. 과자를 보면 그 회사가 연상될 수 있게 오래도록 한 우물 파는 마음으로 광고하고 있어서일까.

타 회사에서도 유사한 제품을 출시했으나 유독 손이 가는 것은 회사의 카피도 카피지만 오래도록 기억된 자연스러움에서 얻어지는 부가 효과일 게다. 돈 들이며 광고하는 가장 큰 가치를 창출하고 있는 셈이다.

“산소 갈 준비 안 해? 어여 낫 갖고 와. 갈아 줄게.” 하며 매년 벌초 때가 되면 할아버지는 그렇게 당신 성품답게 느긋이, 그러면서도 서둘러 단도리했다. 그렇게 재촉하여 갖다 드리면 할아버진 날을 세운 후 엄지손가락으로 튕겨도 보고, 때론 제대로 섰는지 낫을 비껴 가며 묘한 각도로 눈대중을 맞추었다.

할아버지가 숫돌에 낫 가는 걸 유심히 눈여겨보지만 어느 만큼이 갈린 것이고, 또 어느 정도 반짝여야 다된 것인지 구별이 안 된다. 다된 듯하여 “이건 다 된 거다 예” 하고 여쭈면 ‘덜 되었다.’며 낫을 숫돌에 갖다 긁듯이 버리기도 하고, 또 숫돌을 낫에다 박박 문지르기도 하며 두어 방울 뚝뚝 물을 적셔 다시 반복하였다.

“이건 큰아들 주고, 이건 작은아들 하라 하고, 이건 직접 써. 잘 들 게야.” 숫제 번호 부여하듯 하나하나 정리까지 해 준다. 내가 우리 시설에 근무하고 시작된 할아버지와의 인연이다. 그러던 오늘 인연의 끝을 할아버지의 입관제를 지켜보는 것으로 마무리했다. 유족과 함께한 자리였다.

요 며칠 전 상태가 안 좋아 입원하였다가 퇴원하였단 말은 들었지만, 지척이 천 리라더니 일이 바빠 하루하루 미루다 짬을 내어 가 보았다. 저쪽 호스피스동 중환자실 산소마스크에 의지하여 등 돌려 누운 모습은 평소의 체중 절반도 안 될 것같이 야위어 있었다. 암은 소모성 질환이라 하던가. 야윈 그 모습 위로 울컥 가슴을 한 치는 허공에 올렸다가 내려놓아야 했다. 암의 고통을 익히 알고 있던 터라 주무시고 있기에 깨우면 다시 깨어난 시간은 고통의 연속일 테니 내일 다시 와야지 싶어 그냥 돌아왔었는데….

노인의 하루는 밤새 안녕이라 누가 했을까? 아침에 출근하니 돌아가셨단다.

이런! 이런! 내 행동에 스스로가 이렇게 후회스럽고 미련하다는 생각을 떨쳐 낼 수가 없었다.

요양원은 장기요양보험법이 생기고 나서 요양 등급이 일정 등급을 받아야 원하면 입소가 되지만, 양로원은 기초생활보장 수급자며 스스로 일상생활이 가능한 65세 이상이면 입소가 되어 할아버지는 여기서 생활을 하게 되었다. 물론 생활하는 데 필요한 기본적인 지원은 국가가 진다는 보장 아래서다.

지극히 사적인 일이라 잘은 모르겠지만, 외지에서 유족이라고 두 아들이 걸음하였다. 부자 관계에서 오는 정의 근본이 뭔지 너무 얄팍하기만 해 보였다. 하기야 하늘이 내려앉는 슬픔을 가눌 길 없어 가슴팍을 울리며 오열해도 모자랄 그 정을 눈물 한 방울 떨구어 내지 못하는 그들의 아픔인들 어찌 내가 짐작이나 하며 헤아릴까만.

돌아오는 길에 생각들은 열을 지었다. 살면서 느끼고 감당해야 하는 권리와 책임 그리고 무거운 의무에 대하여 말이다. 언젠가 '책임과 의무가 하나씩이라면 권리는 그 절반만 찾아야 한다.'던 한 지인의 이야기가 뇌리를 스치는 동안 머릿속의 생각들은 복잡하게 너울을 탄다. 오로지 직업적인 만남에서 시작된 생면부지의 정에도 먹먹하게 가슴으로 잦아든다. 끝없이 피어오르는 상념들을 접었다.

관계에서 오는 정의 크기를 재어 가며 굳이 안타까워하지 않아도 그리 머지않은 시간에 알 것이다. 아버지라는 이름은 세상에 단 한 분이고 어느 세월의 한 토막에서 피 토하는 심정으로 불러 볼 아버지라는 이름을 말이다.

뜨거운 햇살 사이로 뽀얀 황사가 시야를 어지럽힌다. 눈을 감았다가 떠 보았다. 송홧가루일까, 미세먼지일까. 헷갈리는 이물질로 눈을 감았다 뜨는데 생각 하나가 점점이 다가온다. '보내고 그릴 정인 것을….'라면서.

흐드러진 봄꽃 밟고 떠나신 길, 당신이 누운 자리도 꽃판이었으면 좋겠습니다.

선생님, 우리 선생님

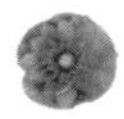

1.

큰애가 초등학교 입학 후 두 번째 맞는 오월이다. 오월에 내리는 비는 100가지 꽃을 피운다는 말이 있다. 온통 꽃망울이 여물거나, 초록빛 사이사이로 노랑꽃이면 노랑인 대로, 분홍 꽃이면 분홍인 대로, 제 얼굴색대로 고갯짓한다. 학생인 아이는 가만히 있는데 학부모된 내 마음만 다시 학생인 듯 달뜬다.

그해 스승의 날, 지금은 법으로 금하고 있지만, '우리 아이 좀 잘 봐 주십사.' 아이 편에 책 한 권을 보내며 한 페이지를 열어 봉투를 살짝 끼워 넣었다. 덜렁대다 봉투가 떨어질까 봐 몇 번을 잘 갖다 드리라며 동네 어귀까지 나가 거푸 주문했다.

하루가 지나고 이틀이 지났다. 며칠을 아이 입만 쳐다보다가 마음 바빠 물었다. 큰 관심은 접어 둔 채 안 싸우고 잘 지냈냐고 운을 떼었다. 이어 "선생님이 무슨 말씀 안 하셔?" 듣고 싶은 말을 깊숙이 접은 채 물었다. 로봇을 갖고 노느라 바쁜 아이는 관심이 없으니 눈길도 안 주며 색깔 없이 '아니.'라 대답했다.

다음 날도 며칠째 같은 궁금증에 같은 대답이 오갔다. 어느 날, 가만히 생각하던 아이는 "응. 선생님이 했어." 순간 난 두 눈과 귀를 모아 대답만 눈으로 재촉했다. 날 닮았는지 뜸 들이는 모양이 영 마음에 안 든다. 아이가 조립하며 놀던 로봇 팔을 잃어버렸다며 두리번거리자 얼른 찾아 비위를 맞춘 후 어렵게 들은 말,

"코 좀 잘 닦고 다니래."

선생님도, 아이도 별 관심 없이 심드렁했고 애달아 한 건 오로지 나뿐이었다. 역시 선생님은 우리 선생님답게 아이를 튼튼한 어린이로 잘 봐 주셨다.

2.

내가 그 얼굴을 기억하는 건 두 번째 마주쳤을 때다. 안방보다 더 열심히 밟던 병원 문턱에 지쳐 갈 무렵이다. 장보러 갔다가 지하에 있는 볼링장에 들렀다. 한때 남편이랑 같이 미송의 긴 레인을 타고 육중한 공이 구르다 핀덱에서 '따다다닥' 하고 쓰러지는 핀의 소리에 같이 환호했었다. 경쾌한 소리와 쓰러지는 핀들을 보며 선수나 된 듯 서로 하이파이브를 하기도 했다. 그런 시간이 허락되었던 후 첫걸음이다.

옆 레인에 선 그녀는 늘씬한 키에 폼이 일품이다. 스치듯 지나다 반복되는 만남으로 선수 같은 그녀의 폼을 슬쩍슬쩍 곁눈질하며 따라했다. 옆 레인에서 스트라이크가 나왔다. 박수를 쳐 주며 서로 응원했다. 볼링장에서의 기본 매너다. 그녀도 가볍게 웃으며 목례한다.

게임을 마치고 이층 쇼핑매장으로 올라갔다. 이것저것 물건들을 둘러보며 살피는데 마주 오는 사람과 살짝 부딪쳤다. 말없이 미안하다, 서로 목례하는데 고개 드는 순간 학창 시절 은사님이었다. 잠시 갑작스러운 만남에 숨이 멎는 듯했다. 지고지순의 사랑이라며 혼자 철딱서니 없이 가슴앓이해 대었던 선생님을 그렇게 마주하다니.

인사를 하는데 바로 옆에 그녀가 나란히 서 있었다. '그녀가 사모님?' 의아해 하며 바라보았다. 순간, 잠재웠던 가슴이 홍가시 여린 잎처럼 떨렸다. 선생님께서 소개하는데 갑자기 '그녀'가 어려워져 엉거주춤했다.

한참 지난 어느 날, 상실의 아픔으로 공항을 빠져나오며 차창 밖을 무심히 보았다. 낯익은 얼굴이 가을 벤치 위에 계절처럼 가을을 이고 앉아 있었다. 얼른 그 얼굴이 생각나지 않았다. 차는 열기를 뱉으며 자리를 떴다.

'아! 그녀?' 내 기억 속 편린은 사모님이란 말보다 '그녀'가 더 익숙했다. 지병으로 사모님이던 '그녀'가 명을 달리했다며 한참 만에 만난 동창으로부터 전해 들었다.

앉아있던 그 모습이 가을처럼 느껴졌던 것이 선생님에 대한 생각인지, '그녀'에 대한 생각인지 헷갈리기 시작했다. 아니, 그 헷갈림은 다시 볼 수 없다는 상실의 아픔으로 다가오는 동병상련이었을 게다. 그리고 이내 머리 위로 높게 둥실 뜬구름 사이로 풀어헤친 생각의 타래를 조심히 감아올렸다.

이후 벤치엔 그해의 가을도, 가을처럼 앉았던 '그녀'도 없었다. 한 줄기 기억처럼 소슬한 바람에 퇴색한 이파리 몇 잎, 사라락하며 소리져 구르다 멈춘다.

3.

전화를 끊었다. 반가움에 나도 몰래 화색이 돌았던지 동료가 말한다. "그 나이에 선생님이라 부르며 반길 사람이 있어 참 좋겠다."며 던진 말에 입가에 돌던 웃음이 헤실바실이다.

서둘러 퇴근길에 약속 장소로 향했다. 반가운 얼굴을 찾아 앉은 후 새해 인사를 드렸다. 수저를 놓아 드리며 근황을 여쭙자 잘 지내고 있다고 했다. 연전에 올해부터 달라진 것들이라며 "타던 차를 정리하고 대중교통을 이용하기로 했다."며 말문을 열었다. 그리고 오늘, 나이에 장사 없다는 말을 보태시는데 우렁우렁했던 목소리가 세월이 덧대어져서인지 푸석거린다.

감정이 입술로 전이되어서일까. 텁텁하게 마른 입술을 적시려 하는지 물컵을 찾는 눈치였다. 죄송하단 말과 함께 얼른 따뜻한 물을 채운 후 선생님 앞으로 놓으며 또 근황을 여쭈었다. 늘 그렇듯 '늘 그렇다.'고 대답하고 나서 "변화가 있어야 하는데….” 하시며 웃었다. 변화 있는 것이 일이라 응수하며 나도 따라 웃었다.

한참 아무 말 없이 밥 먹는 일에만 열중하던 선생님이 내가 몸담고 있는 노인시설에 대하여 궁금한 것들을 물었다. 오간 대화로도 정보는 충분히 됐을 법한데 내가 얼마나 그곳에 근무하고 있는지로 시작된 소소함부터, 입소 자격이 무엇인지, 얼마 정도의 돈이 드는지, 생활하는 사람들의 모습은 어떤지 등, 처음엔 그냥 궁금증인 것으로만 알았다.

‘아, 선생님! 무엇을 알고 싶으신 겁니까. 선생님! 오래도록 건강하셔야 합니다.’

이순을 코앞에 둔 지금도 세뱃돈을 챙겨 주시는 유일한 분. 이내 감정은 절로 색깔 없는 곳으로 향하고 시선은 서로를 외면하고 있었다. 이어서 선생님의 세월 디딘 서늘한 눈매가 왈칵 내 눈으로 들어온다.

‘선생님! 내년에도 내후년에도 세뱃돈 기다리고 있겠습니다.’

압화, 그 눌림의 소리

자분자분 이야기 소리라도 들릴 듯 앙증맞다. 유리가 없다면 향이라도 폴폴 날릴 것 같고, 그 위로 향에 취한 나비 두어 마리 사뿐 앉기라도 할 듯 곱다. 크고 작은 꽃잎들은 액자 속에서 뉜 듯도 하고, 등 맞대어 서 있기도 하며, 허리 굽힌 듯 얌전한 자세도 있다. 풀꽃들은 제 색깔과 목소리 그대로 모양 하나하나가 서로 어우러져 조화롭다.

마른 풀꽃이 그렇듯 적당히 퇴색한 색들은 네모난 액자 속에 다소곳하다. 액자를 닦은 후, 다시 놓였던 자리로 갖다 놓으며 꽃술 언저리 부분 유리 위를 가볍게 눌러 봤다. 더 눌릴 것도 아니지만, 약간 튀어나온 가운데 꽃심 부분이 행여 유리와 닿아 힘없이 바스락거리는 소리와 함께 마른 잎 하나 정도 부서져 떨어질 것만 같아 조심스럽다.

노인 시설인 이곳 생활자들 프로그램 시간에 만든 압화를 서랍장 위에 그들의 사진과 함께 있었던 곳으로 나란히 놓았다. 별것 아닌 것 같은데도 생활하면서 달리 신경 쓸 일이 없어서일까. 시설 생활이라 늘 무료함이 이런 소소한 것도 별것으로 생각되는지, 똑바로 놓아 둔 것을 서로 당신과 가까운 쪽으로, 혹은 당신 방향으로 놓이기를 원하여 각자 오가며 각도를 살짝살짝 틀어 놓기도 한다. 같이 프로그램에 참여하도록 아무리 유도해도 참여하지 않다가 완성품을 보면 욕심이 나는지 심심찮게 보는 이곳 어른들 모습이다.

어르신들은 가끔 필요에 의해 한 사람이 방 하나를 쓰기도 하지만, 대개는 한 방에 둘이나 어쩌다 세 분이 같이한다. 각각 다른 환경에 있다가 공동생활을 하며 서로 알게 된 관계들이다. 특별한 주문이나 이유가 없으면 방 배정을 어르신들 특성에 맞게 파악하여 정한다.

신체적 특성이나, 성격적 특성을 고려하여 배정한다 해도 같이 생활하다 보면 알게 모르게 부딪칠 때가 더러 있다. 너무 가까이에서 생활하느라 아니 보아도 되고, 몰라도 될 일들이 쉽게 노출되어 알게 되고 또 보게 되는 경우가 왕왕 있다.

이를테면 화장실을 스스로 이용할 수 있는 분과 그렇지 못한 분, 유난히 화장실을 오래 쓰는 사람, 쓰고 나서 물을 안 내리고 나오는 것이 습관이 되어 있는 사람, 화장지 등 뒷마무리를 깔끔하게 못 하여 다음 사람이 쓰려면 꼭 한 소리를 듣는 어른, 필요 이상으로 깨끗하여 외려 그 청결함이 성격적 결벽으로 연결되는 어른 등 화장실 하나 사용함에도 각자 특성대로 다양한 양상을 보인다.

어디 그뿐일까. 두 사람이 생활하면서 한 사람은 밤은 밤답게 컴컴해야만 된다며 불빛은 물론 달빛도 비치면 커튼을 쳐야 한다고 고집한다. 너무 컴컴하면 발 걸려 넘어질지도 모른다는 불안한 마음에 작은 전등이라도 꼭 켜야만 편안하다고도 한다. 때론 문이 닫혀 있으면 갑갑하다며 주먹만큼이라도 공기 통하게 열어야 한다고 주장하는가 하면, 같은 방 한 분은 '나이가 드니 뼛속까지 찬바람 드는 것 같은데 뭘 여느냐?'고도 한다. 평균 실내온도가 높이 설정되어 한겨울도 따뜻하게 유지되지만 극구 닫기를 원하는 분 등 참 다양하다.

누군가 우스갯소리처럼 말하여 주워들은 말이라 그 진위는 알 수 없지만 '백성'이란 말을 처음 쓴 이가 세종대왕이라 한다. 백이면 백, 어느 한 사람 같은 성격이 없다 하여 그렇게 붙였다는 말을 들었다. 듣고 보니 그럴듯하다. 이곳처럼 자기만의 오랜 생활습관으로 인하여 공동생활을 해야 하는 노인 시설이라는 공간은 더 확연하게 나타난다.

오랫동안 서로 다른 공간에서 각자의 성격을 갖고 취향에 따라 살아서 다른 누구의 제지를 받을 일이 없었던 이들이다. 전혀 다른 공간에서 지극히 평범하면서도 당연한 일상생활을 맞추며 산다는 게 쉬운 일은 아닐 것이다. 때론 상대에게 서로 맞추려는 노력보다 자기 주장을 더 강하게 할 때도 있고, 별일 아님에도 불구하고 필요 이상의 목소리를 돋우며 기선을 제압하려는 듯 목소리를 높이기도 한다.

상대가 나한테 맞추어 주기를 각자가 원하고 있는 것 자체가 이미 배려나 타협이라는 말과는 멀어지고 있음이다. 무료한 시간을 조금이나마 덜어내고 잔존 능력을 유지하기 위해 마련된 프로그램 시간에 만든 압화의 방향 하나에도 그들은 각기 신경을 곤두세우고 있으니 말이다.

오랜 세월을 살아오면서 서로에게 맞추는 연습도 충분히

되었을 법하고, 사소한 자존심을 걷어내면 훨씬 삶이 수월하다는 것도 몸소 체득하였을 터이다. 몸의 상태만 아이로 돌아가는 것이 아니라 정신세계도 덩달아 같은 방향으로 가는가 보다.

오후 간식 시간에도 그랬다. 찐 고구마와 음료가 제공되어 각자의 식기에 알맞게 배식했다. 마주 보며 식탁에 나란히 앉은 두 어른, 뭔가를 나름의 셈법으로 저울질하는 눈치다. 비슷한 크기의 고구마이지만, 공산품처럼 기계로 찍어낸 물건이 아니다 보니 약간 들고 남이 있기 마련이다. 상대방이 더 큰 걸 가졌을 것 같은 생각에서 몇 번을 눈대중으로 가늠한다. 옆 사람도 비슷한 눈치다. 먹을 것이 넘쳐 골라 먹어야 하는 삶을 살면서도 오래도록 그들의 정신세계를 지배해 온 궁핍한 세월 때문일까.

액자 속에서 뉜 듯도 하고, 등 맞대어 서 있는가 하면 허리 굽힌 듯 놓인 눌림 꽃이 너무 편안하고 얌전한 자세가 외려 불편함일 수도 있겠다. 꽃만으로도 고운데 압화처럼 호사가 주는 눌림이 부담스러웠나 보다.

마른 꽃처럼 퇴색해 가는 시간 속에서 다소 불편한 육신이야 어찌할 수 없겠다. 사소한 것들을 눈대중으로 비교하는 그들의 빠른 셈법이나 거둘 수 있으면 좋으련만 그것도 바라보는 몫의 무게일까. 잠깐씩 돌려놓는 압화의 위치가 유난히 머릿속을 맴도는 눌림의 소리로 다가와 버겁게 들린다.

햇살 좋은 날

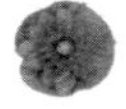

과수원을 하는 친구에게서 밤늦게 전화가 왔다. 일이 서툰 것을 알면서 내 손을 빌리고 싶어 하는 것이 고양이 손이라도 빌려야 할 만큼 바쁜 모양이다. 오죽하면 그러랴 싶어 '가마.' 하고 대답했다. 사실 귤을 따도 될 만큼 다쳤던 팔이 다 낫지도 않았고 무엇보다 물리 치료도 아직은 덜 끝난 게 아닌가.

아침에 서둘러 서귀포로 향했다. 일찌감치 채비하여 나섰건만 그곳에 도착하니 여덟 시 반이나 되었다. 이미 친구랑 그녀와 안팎 거리에 사는 시어머니는 벌써 몇 컨테이너를 따 놓고 있었다. '차라도 한 잔하고 시작하라.'는 친구 시어머니 말씀이 고맙긴 했지만, 늑장으로 한낮에 온 것 같은 느낌에 장갑과 전정가위를 들고 따기 시작했다.

오랜만에 하는 일이라 서툴지만, 작년에 이 밭에서 사나흘 연습했던 경험이 있어 올해는 '이건 이쪽이고, 저건 저쪽'이라는 소소한 것을 가르쳐 주는 번거로움은 면할 수 있다는 게 그나마 다행이지 싶었다.

서너 시간 부지런히 손을 놀렸다. 친구 시어머니랑 함께 귤을 따면서 감귤 시세며, 작황 정도, 집안 근황을 묻고 답하는데 점심을 준비하러 친구가 집에 들어간단다.

이러저러한 집안 동정을 말씀하는 듯했다. 그러더니 이야기는 맏며느리인 친구가 동서들 평정을 제대로 잘해내지 못해 섭섭한 말씀을 잠시 하는 줄 알았다. 공감해 드리는 바람에 시어머니는 감정 제어가 잘 안 되었나 보다. 맨 마지막엔 "재가 맏며느리면서 그렇게 하면 되겠니?" 하며 은근히 내 감정까지 끌어들이며 전이성 대답을 요구하고 있었다.

'시에미인 내가 나서면 모양새가 빠지지 않겠냐?'며 이야기의 줄거리와 감정은 살짝 엇나가고 있었다.

친구 집에 들락거리며 이미 어머니와는 친분을 만들어 두었지만 그래도 '며느리 친구인 걸….' 싶은 생각도 해봤다가 하루쯤 어머니 편에 서 보기로 했다. 흔히 회자하는 역지사지란 말도 있고, 부엌에 가면 며느리 말이 맞고, 안방에 가면 아들 말이 맞더란 말도 있지 않던가?

무엇보다 난 이 두 여인처럼 감정이나 이들 삶에 이해관계가 없기에 내 나름으론 객관적으로 바라보고, 냉정한 이성을 가지고 섭섭하다는 문제를 바로 볼 수 있지 않을까 싶기도 했다. 이런 생각으로 어머니 편의 이야기를 들으면서도 손은 바삐 놀리고 있었다. 차곡차곡 바구니에 다 따면 그걸 컨테이너에 갖다 쏟고를 반복하는 시간 빼곤 이야기는 줄줄 나무에 달린 귤처럼 끝이 없을 듯 이어졌다.

가끔씩 친구 시어머니는 감정이 격해지는 부분이 지나면 내가 며느리 친구라는 걸 의식한 듯 말을 멈칫거리기도 하였다. 그럴 때 얼른 "괜찮아요. 사는 게 다 그렇지요." 하고 맞장구치면 '정말 괜찮을 것 같다.'는 생각에 확신이라도 서는 듯이 말을 이어 간다.

내용은 집안의 대소사를 이젠 며느리가 알아서 해 주면 당신이 굳이 나서지 않아도 되고, 손아래 동서들을 잘 단속해 주었으면 하는 눈치다. 시골 그 지역에선 나름대로 유지로 지내며 남편의 그늘에서 늘 살짝살짝 인자한 웃음만 보이면 되셨던 삶을 이어 오던 분이다.

남편이자 친구의 시아버지가 치매가 심해지면서 집 안팎을 모두 당신이 이렇게 저렇게 맡게 되자 녹록지 않은 게다. 그런 것들은 알게 모르게 복잡해진 마음이 늘 같이 지내는 며느리한테도 전이되었는지 친구도 가끔 힘들어했었다. 아들 셋에 고명딸 하나를 두었지만, 딸은 멀리 살고 있어 더 그런가 보다. 이렇게라도 속내를 며느리는 그렇고 그 친구한테라도 말하여 머리 위로 쏟아지는 햇살에 널어 말리고 싶은 거다. 며느리에 대하여 소소하게 섭섭한 마음이나 다소 생각이 굴절되었을지라도, 그 굴절된 생각을 공유하고 싶은 마음에 풀어 놓은 말은 과수원 바닥에 뒹구는 파치들을 발로 밀어내듯 가슴에 넣어 두었던 당신 말씀도 밀어낸다.

며느리 친구에게 당신의 정제되지 않은 감정을 펼쳐 놓은 것이 쑥스럽고 미안했는지, 아니면 신세타령을 들어준 것에 대한 고마움인지 어정쩡한 감정이 섞이며 눈을 마주치자 양 입가에 엉기듯 주름 깊이 파인 얼굴 속의 웃음은 햇볕 속으로 빨려 번진다.

점심 먹으러 집으로 들어가며, 삼켜야 할 비밀이라도 된 것처럼 나누었던 이야기는 밀봉된 채 소리 없이 내 가슴으로 잦아든다. 햇살 속으로 친구 어머니의 얼굴엔 쏟아 낸 이야기만큼의 버거웠던 마음도 덩달아 녹고 있었다.

점심을 먹으려고 우린 둥그런 상 앞에 앉았다. 그 위로 거실 앞 쪽문으로 비치는 따뜻한 햇볕이 텃밭에서 방금 뜯어 내온 푸성귀와 그 옆에 얌전히 앉은 된장종지 위에서도 놀고 있었다. 쌈을 한입 가득 넣은 채 어머니와 마주한 내 눈가엔 친구 모른 비밀이라도 간직한 듯 따뜻한 햇볕 속에 눈웃음으로 어머니와 난 서로 화답했다.

두 여인의 말과 감정도 오늘 이 햇살처럼 따스하게 소통되었으면 좋겠다.

할머니의 노래

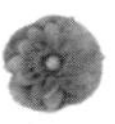

지난봄 정원 앞 백목련. 청초하였다. 그 단아함과 꽃봉오리 꼿꼿이 앞세우며 순백을 드러내는 의미는 보는 이로 하여 범접하지 못할 대상처럼 신성함마저 느끼게 했다. 오가는 계절 따라 흰빛은 점점 퇴락하더니 끝내 그 화려하던 기운은 뿌리로 잎으로 순환되어 가는지 잎이 성성함을 보이고 있었다.

어느 시인의 시구처럼 초록에 지치면 단풍 들겠지 싶었다. 보고 있는 것이 꽃나무인지, 계절의 순환인지 헷갈리기 시작할 때쯤이다. 가파른 입구를 따라 넓은 주차장으로 이어지는 곳으로 흰색 승용차 한 대가 더운 김 크게 내쉬더니 멈춰 선다. 길게 눈 주어 보았더니 차에서 내리는 분은 익숙한 얼굴이다.

치매로 등급을 받고 요양원에 입소한 한 할머니의 연고자다. 할아버지는 당신 스스로 운전을 못 하니 아들이나 딸을 앞세워 매주 꼬박꼬박 거르지 않고 할머니를 만나러 온다. 인사하고 안내해 드렸는데 할머니는 기억의 한 단편만이 인지되는지 할아버지의 방문에 아랑곳하지 않고 "노오란 사쑤 입은 말 없는 그 사람이…." 두어 소절만을 여느 때와 같이 반복하며 부른다. 할아버지는 '내가 왔어.' 말하곤 지긋이 바라본다.

늘 그렇듯 밥은 잘 먹고 있는지, 잠은 잘 자는지, 약은 제대로 먹고 있는지 할머니에게 물으면 할머니는 늘 "예."로 대답을 일관한다. 그 답변을 재확인이라도 하듯 손을 마주 잡으며 또 물었다. "내가 누군지 알겠어?" 이어지는 대답은 마찬가지로 "예." 할아버지는 짧은 커트 머리라 별로 흐트러질 것도 없는 할머니의 앞머리를 굳이 손으로 가르마 타듯 쓸어 올렸다.

반복되는 손놀림은 할머니의 머리칼을 쓸어 올림이 아니라 오랜 시간 누워 지내야 하는, 어찌해 볼 수 없는 할머니에 대한 연민일까. 머리칼이 흘러내릴까 반복하는 동작이

한 올 한 올 붙이기라도 할 양이다. 이어 묻는 말 대신 이번엔 "내가 올 때까지 밥 잘 먹고, 잠도 잘 자고, 약도 잘 먹고 있어." 하고 주문했다. 말미엔 "서울 갔다 올 거라서 다음 주엔 못 온다."라고 덧붙였다.

지남력이 현저히 떨어진 상태의 할머니는 '다음 주'라는 시간 개념이 어느 정도 지나간 시간인지, '온다'라거나 '못 온다' 상황에 대한 인지 능력마저 떨어진 지 오래다. 여든 둘의 할머니와 엇비슷해 보이는 할아버지와의 대화에는 일방적인 맹맹함과 안타까움만이 두 분의 감정을 대신하며 애달프게 자리한다.

온전하다면 가슴으로 토해 내도 모자랄 애절함 속의 그 말들을 '예'라는 짧은 한 음절로만 할머니는 대답했다. 몇 걸음 물러서듯 뒤돌아서는 할아버지의 발걸음엔 아쉬움이 가득 실려 나이를 받치고 있는 다리의 실제 무게보다 훨씬 무거워 보인다.

그러고서 그다음 주였나? 거의 그런 일이 없는데 할아버지가 내 휴대폰으로 전화했다. 얼른 할머니에게 연결해 드렸다. 비슷한 내용을 묻는지 대답 또한 '예.'다. 이어 휴대폰을 건네받으니 "병원에 와 있습니다. 당분간 못 갈 것 같습니다. 고맙습니다."로 통화는 끊겼다.

서너 주 후 할머니를 뵈러 오는 친지 분들이 이틀 사이에 유난히 많았다. 되새겨보니 그때 찾아온 이들이 입고 온 옷들은 검은색 일색이었다. 이후 할아버지는 다시 할머니를 찾는 일이 없었다. 오륙십여 년을 부부란 이름으로 삶을 마주했던 숱한 시간 속에 얼마나 많은 언어가 자리하였음일까. 다음 주는 못 온다던 할아버지는 다다음 주도, 그 후로도 다시 찾아오지 않았다. 그 자리 위로 할머니의 "노오란 사쑤 입은 말 없는 그 사람이…."란 노래만이 할머니 입에서 아직도 진행형으로 반복되며 세월에 누적된 많은 언어를 대신하고 있다.

애틋함과 안타까움으로 함께했던 많은 시간은 별 감흥도 없이 오물거리는 노래 속으로 속절없이 녹아들었다. 초록에 지친 잎 성한 자리로 단풍 들면 이내 겨울나기 위해 나뭇잎들, 하나씩 남은 힘을 주워 모아 뿌리를 키워내기 위해 계절은 가쁜 숨을 또 몰아쉬겠지.

안경 낀 얼굴 너머로 하마 떨어질 듯 애틋함만 그렁그렁 매달아 놓은 채 뒤돌아서던 할아버지의 마지막 모습만이 할머니의 얼굴 위로 덧대어진다.

어느 봄날

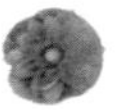

참 고풍스럽다. 테이블이며 바닥재, 소품 하나 하나가 손때를 타 오래된 느낌이다. 주위를 빙 둘러보았다. 액자며 족자, 모서리에 참하게 앉은 사방탁자, 내실처럼 꾸며 놓은, 얌전한 두 폭 자수의 가리개까지 어느 것 하나 예사롭지 않다. 오랜 시간을 두고 구하느라 애쓴 이 집 주인의 흔적이 여기저기 묻어난다. 얼마간 돈을 지급하고 한 끼 해결하는 우리도 덩달아 귀해지는 느낌이었다.

한 올레에 사는 안주인들끼리 모임을 가졌던 세월이 이젠 제법 되었다. 최연소자로 새댁이었던 내가 이순을 코앞에 두고 있으니 더 그렇다. 분위기 있는 곳에서 느긋이 차까지 마시고 일어나는데 움직일 때마다 "아이고 다리야.",

"아이고 허리야.", "아고고…." 한마디씩 뱉는다. '품위 떨어지게 이게 무슨 소리입니까.' 하고 묻고 싶었는데 그 말이 채 나오기도 전에 일어서는데 다리가 저렸다. 속으로 참느라 '아' 하는 짧은 소리만 흘리고 얼른 입을 닫았다.

밤이라 보름달처럼 큰 전등들이 음식점 가장자리로 일정 거리씩 밝혀져 있어 봄꽃을 훤히 비추더니 꽃잎에 반사되어 밤 풍경 또한 그지없이 화사했다. 가운데 자리한 큰 연못 위엔 달빛 품은 윤슬이 곱다.

다리, 허리를 들먹이다 나온 후라 그런지 밖으로 나오며 요즘 하고 있는 운동이며 먹는 영양제, 건강 보조식품에 대해 순서 없이 이야기한다. 전문가들처럼 잘 듣지도 못했던 용어까지 섞어 가며 줄줄이 쏟아 놓고 있었다. 한 언니는 비타민제를 기본으로 칼슘, 오메가, 도라지즙 등 먹는 것이 많단다. 어떤 날은 하도 많아서 먹었는지 말았는지 한참을 생각하고 나서야 안다고 했다. 또 한 언니는 "아니 다행"이라 운을 뗀 뒤, 헷갈려서 아예 다시 먹어 버린다고 하자 듣고 있던 일행은 제 이야기인 양 입을 모아 웃었다.

다음날, 노인시설의 이곳 오전 시간은 하도 바빠 어떻게 가는지도 모르게 흘러 점심시간 후 프로그램이 시작되었다. '달력 만들기'를 하는 날이다. 노화로 인한 신체적 변화와 손가락 구축을 예방하는 차원에서 달이 바뀔 때마다 실시하는 프로그램 중 하나다. 일정 한 크기의 빨간색, 파란색과 검은색 숫자들을 탁자 위에 늘어놓았다.

프로그램이라 해서 특별함보다 그나마 쓸 수 있는 잔존능력을 유지토록 도와주는 손동작이다. 가로세로 5센티쯤 되는 숫자들을 늘어놓아 그달의 숫자가 쓰인 커다란 판 위에 요일과 날짜를 배열해 붙이는 일이다.

사소하고 별것 아닌 동작이지만 온종일 가만히 멍하게 앉아 있는 어른들에겐 나름 도움이 된다. 그런 프로그램을 할 때도 아주 사소한 일일망정 '잘하셨다'고 지지해 주면 참 좋아한다. 그 연세에 할 일도 없을 뿐더러 하고 싶은 것 또한 없기 때문이다. 누군가의 관심이나 칭찬도 오랜만의 일이니 더욱 그렇기도 하다. 이런 긍정적인 효과가 있어서 적극적으로 유도하지만 참여하려는 의지가 없어 결국 참여하는 어른들만 하게 된다.

오리기, 접기, 풀칠하기, 고리 잇기, 컵 쌓기, 이쪽 손에서 저쪽 손으로 공 옮기기, 어떤 동작을 하더라도 별반 흥미를 못 느끼고 만사 귀찮은지 멍하니 하늘만 보는 어르신들도 많다. 하찮은 것이라도 같이 참여하도록 해보려고 직원이 하면 훨씬 빨리 마칠 일이지만 뒷정리할 때도 부러 어르신에게 건네고 이어 옆 어르신에게 다시 건네도록 유도한다. 이렇게 억지로라도 하지 않으면 손가락이 굳어 수저 잡기마저도 어렵게 되기 때문이다. 설령 잡는다 해도 이내 힘이 없어 떨어뜨리고 마는 경우를 종종 접한다.

얼마 전 티브이에서 인간 수명에 대해 방송하고 있는 것을 본 적이 있다. 요즘 흔히 '100세 시대'라는 말처럼 우리도 100세를 넘겨 살 수도 있다는 것이다.

> 60세에 저세상에서 날 데리러 오거든 아직은 젊어서 못 간다고 전해라. 70세에 저세상에서 날 데리러 오거든 할 일이 아직 남아 못 간다고 전해라. 80세에 저세상에서 날 데리러 오거든 아직은 쓸 만해못 간다고 전해라. 90세에 저세상에서 날 데리러 오거든 알아서 갈 테니 재촉 말라 전해라. 100세에 저세상에서 날 데리러 오거든 좋은 날 좋은 시에 간다고 전해라. 아리랑 아리랑 아라리요 아리랑 고개를 또 넘어간다

노년층에서 특히 즐겨 부르는 대중가요 가사의 1절이다. 지금 태어나는 아이들은 평균 120세 정도까지 살 수 있는 알파 에이지 시대가 열린다는 설명이다. 그 방송 프

로에선 원하건 아니건 상관없이 '오래도록 살아야 하는 것이 축복일까, 재앙일까?' 하며 뼈 있는 물음을 던지고 있다. 이렇게 즐기며 사는 것도, 온전한 정신과 내 스스로 내 몸을 건사할 수 있는 육체가 받혀줄 때 누리는 특권일 것이다.

하루는 그나마 의식이 또렷한 한 어르신에게 여쭈었다.

"할머니, 이렇게 약을 많이 드시면 아픈 곳이 좀 낫나요?" 하고 묻자

"약을 먹고 낫는지는 모르지만 안 먹으면 몸이 안다."

고 대답했던 일이 생각난다.

누웠다가 물이 고파 주방으로 갔다. 마셨던 빈 컵을 놓다 식탁 위에 올려 둔 건강보조제에 눈이 갔다. 순간 '먹었던가?' 생각하다 그도 귀찮아 몇 알을 입안으로 털어 넣었다. '귀찮다고 생각하면 안 되는데….' 벌컥거리는 목울대와 함께 그 생각도 같이 넘어갔다.

실바람에 화르르 지는 봄 꽃잎처럼 움직임마다 나이를 의식해야 하는 '그때'가 되어 감인지 맥없는 것을 애써 봄 타는 것이라며 둘러대 본다. 잊었다 생각난 김에 삼킨 건강보조제가 주는 효과일까. 눌려 있던 몸의 일부가 제 위치로

돌아온 탓인지 저렸던 팔이 좀 편안해졌다.

어서 자야 하는데…. 쉬 잠들지 못하고 깨어 있으므로 공연히 조바심치는 밤이다.

목마름을 축이며 벌판을 걸어가는 맨발

– 이애현 수필집 『따뜻한 소실점』에 부쳐

김길웅 (수필가 · 문학평론가)

1.

문장은 곧 작가다. 더욱이 수필은 작가가 발가벗어 자신의 속내를 적나라하게 드러내는 문학이다. 수필에서 '속정, 속울음'이 나오는 이유다. 문장 한 구절, 선택된 어휘 하나만 보면, 글을 쓴 이의 심성이며 인품이 읽힌다. 작가의 품격과는 무관하게, 무절제하게 쓰는 다른 장르의 개연성과 다를 수밖에 없는 수필 고유의 특성이다.

문학은 아름다운 인생, 아름다운 세상 곧 이데아를 찾아가는 기능을 지닌다. 창작 행위는 그런 세상을 만들기에 구체적으로 참여하며, 그 아름다움은 어떤 화가나 조각가, 음악가나 배우도 실현해 낼 수 없는 고귀한 경역에 도달하려는 것으로, 문인은 미술가보다 더 '미술적'일 수 있다고 한 말에 공감한다.

수필은 리얼리티를 추구한다. 이 말은 문학이 언어가 매개한다는 측면에서 수필을 해석할 때, 자유로운 표현으로 나아가려는 순일純一한 욕망의 표출이기도 하다.

들뢰즈는 "예술 작품은 작동한다."라고 했다. 그렇다면 작가야말로 탈주선을 탄 언어의 항해자들이다. 그것을 실천하는 자만이 수필을 온전히 문학답게 만들어 갈 것이다.

2.

글을 쓰는 것은 결국 그리움을 만나는 일이고, 그리움의 대상은 혈과 육 그리고 삶을 거쳐 언어라는 절대적 가치를 지향하고 구현하는 일이다. 하지만 이러한 가치를 삶의 좌표에 얹는 이는 그리 많지 않다. 시류에 흔들리다 종내 시속時俗에 와해되고 만다.

이애현은 인생을 고뇌하며, 문학에 고민하는 작가다. 특히 수필에 목마르다. 좋은 글 한 편 쓰기 위해 자신을 에워싼 많은 것들과 대립하고 유대하고 혹은 마찰한다. 그의 글 속으로 영혼이 녹아 흐른다. 사람과 사람 사이에 부대끼면서 잘 엮인다는 의미다. 불화하다 종국에 화해한다. 그러니까 인간의 실체와 만나는 일만큼 중요한 가치는 없다.

그는 진실을 들여다보려는 접근과 탐색에 유달리 집요하다. 비단 그에 그치지 않고 소재와 만나기 위해 종종거리고, 문장의 연마를 위해 일손을 놓는가 하면, 글의 첫 낱말을 붙들다 가슴 쓸어내리며 망연히 앉아 있기도 한다.

그는 노상 온전한 세계를 천착하려 덤빈다. 수필에 관한한 완성 지향적이다. 내면에서 정신적인 치열한 방황이 따라야 함을 누구보다도 잘 아는 작가다.

3.

나는 이애현을 흔치 않게, 수필이 인간학임을 인식하는 작가라는 차별성에서 바라본다. 수필이 주관의 문학으로, 인간에 대한 작가의 해석이면서 인생에 대해 의미를 부여하는 노작임을 터득하고 있다는 지지와 확신에서다. 수필은 작가의 의무이면서 책무다. 그는 표현 하나에도 소홀하거나 허투루 함이 없다. 지나쳤다면 제자리로 되돌아가 그 이면을 응시하고, 대상에 자신을 투사投射함으로써 별개로 보이는 각각의 현상들에서 연관성·상반성을 탐색해 내고야 만다. 태생적 재능이 있어 가능한 일일 것이다.

"각각의 사물은 모든 다른 사물들의 거울"이라 한 메를로 퐁티의 말을 곱씹게 한다. 이애현은 대상을 온몸으로 끌어안아 그 의미망을 만들어 나감에 치열하다. 수필이 단순한 사실의 전사傳寫가 아니므로 대상과의 순간적인 해후에 머물러서는 안된다는 이 점은 대단히 중요하다. 작가로서 그가 빠르게 성숙하고 있음을 직감하게 하는 전조前兆라 해도 무방할 것이다.

4.

이애현은 작가 이전에 한 실존의 모습으로 단아하게 다가온다. 옆집 누이 같은 수더분함에 고즈넉한 빛깔과 문양을 지닌 여류다. 그런 소박하고 심덕 좋은 그가 살아온 역정은, 진맥하건댄 파란으로 너울 쳤을 것이다. 젊은 나이에 부군과의 청천벽력 같던 사별 뒤, 그가 안아야 했던 운명은 말을 넘는 것이었을 테다. 그를 여직 지탱해 온 생의 버텀목은 두 아들이다. 수필적 화자로서 그는 다른 여러 얼굴을 지녔다. 선량하고 다정한가 하면 당초같이 맵고, 연약한 듯 강고하다. 노인 시설에서 일하며 두 아들을 뒷바라지해 온 그의 허구한 날들은 이제 드라마보다 더 감동적인 것으로 현재진행형이다.

이애현은 글을 쓰면서도 빛과 밝음을 끌어들이되, 그늘과 어둠을 밀어내는 애정과 긍정의 힘에 경도될 만큼 기울어 있다. 그의 수필은 통속이 아니다. 읽다 덮어 버리는 여느 글하고는 다른 차별성을 획득하고 있음을 적시하고 싶다.

흔히 몸에 난 상처는 심해도 치유가 되지만, 마음에 난 그것은 쉬이 아물지 않는다. 한데도 그의 수필에는 아직 치유되지 않은 채 눈물 글썽이거나 신음하는 상처의 자국이 없으니 놀랍다. 혹여 수필이라는 평수 넉넉한 거즈로 곱게 싸매 어느새 말끔히 아물었을까. 적어도 그의 수필은 갓 비 지난 뒤의 오월 하늘처럼 맑게 개어 게슴츠레한 구석이라곤 없다. 목소리마저 그 하늘 아래 한 소리하는 새처럼, 혹은 자분대며 흐르는 개울물처럼 맑디맑다.

5.

이애현은 부자가 아니다. 하지만 가난도 아니다. 가령 그가 가난이면, 그의 가난은 춥고 궁핍한 느낌보다 왠지 타자에게 위로가 되는 '따스한 가난'의 느낌을 풍기니, 그도 알 수 없는 일이다. 미래의 불확실성에 대한 두려움에 민감해 소설이 곧잘 허구를 설정하지만, 수필은 허한 만큼 그에 대응해 진실 속으로 진입한다. 그래서 이애현의 수필에는 딱히 진원을 알 수 없는, 까닭 모를 울림이 있다.

종교를 초월해서 세상의 모든 경권經卷이 참고 기다리라 가르친다. 우리처럼 여염한 인간이 경을 거리낌은 바로 그런 가르침 때문일는지도 모른다. 고진감래란 것, 잘도 쓰디쓴 말이다. 그래도 어찌어찌 살다보면 살아지는 게 사람의 삶이 아닌가 한다. 이애현은 그다운 삶을 살아왔는데, 시종해 그의 삶을 완성하는 것은 수필이다.

표제작을 곱씹게 한다.

총총히 멀어지던 뒷모습과 함께 굉음을 내는 비행기가 하늘과 맞닿으며 사라지는 동안 되새김하다 만 추억 한 조각이 울컥, 목울대를 적신다.

뜨겁다.

현대식 콘크리트 건물의 박물관엔 현재와 과거가 건물 속에 갇힌 채 시간을 열심히 새겼고, 난 다른 이름의 현재와 과거 속 시간을 열심히 지우고 있었다.

이내 생각은 사라지는 마지막 한 점 위에서 헛손질이다.

－「따뜻한 소실점」 부분

행간까지 시종 모호성이 친친 덮고 있다. 화자의 말마따나 "몇 번 순환되는 계절 속에서 귀밑머리는 안경테와 대비되어 더욱 희게" 되더니, 그마저 종당엔 잦아들어 "그대에 대한 감정의 삭제"에 귀결한다.

더욱 불확실해졌다. 그만의 시·공간에서 뒤척였을, 화자의 속울음은 아닐까. 그것을 끄집어내는 것은 아무래도 독자의 몫일 테다. 좁아도 여백을 내주며 잠시 비켜선다. 수필을 완성하는 것은 독자임을 일찌감치 터득한 그다.

바지를 걷어 올리지 않고 그냥 첨벙대며 건너야 하는 그의 수필은 언제나 눈이 닿는 거리에 조그만 다리 하나로 놓여 우리에게 어서 오라 손짓한다. 막상 다가가면 첨벙거리며 잠방이 걷어 올려 무릎까지 다 적셔야 하는, 이애현 수필은 쉬운 듯 어렵다. 어려운 듯 그러나 귀 기울이면 어느새 누이의 목소리로 와 귓전이다.

6.

"눈물 속에 잠이 든 때가 한두 번이 아니었다. 그러나 꿈속에서 더할 나위 없이 매력적인 존재들이 나를 위로하고 즐겁게 해주어, 나는 늘 새로운 기분과 기쁜 마음으로 일어났다." 괴테의 목소리가 지친 영혼을 일깨운다. 왜일까.

누구에게나 불면의 밤은 있다. 남모를 슬픔과 번민의 밤이 깊어도 새벽은 어김없이 온다. 꿈만 같기도 하고, 환영 같기도 한 그 실루엣에 새로운 기운을 얻어 더 기쁘고 희망찬 하루를 다시 열곤 한다. 우리는 과거에 그렇게 살아왔고, 지금도 그렇게 살고 있는 것 아닐까.

이것은 알음알음 이애현의 수필을 섭렵하며, 그 밑바닥을 흐르는 물소리 바람소리에 섞여 들려 온 그의 육성이었다. 낭랑하다. '불면'이라 해 어떨지 모르나, 진즉에 그는 긴긴 밤의 골짝을 지나오면서도 둥글고 둥근 꿈만은 포기하지 못하겠노라 자신을 닦달해 왔을 것이다.

목마름으로 동살을 기다려, 그렇게 허구한 날 먼빛으로 오는 새벽을 맞았을 것이다. 주목하거니와 세상의 소소한 것들에서 흘러나오는 생동감을 특유의 통찰력이 이끎으로써 따스하게 화소話素로 치환해 놓은 그의 수필들 속의 그 온기 말이다.

7.

그래서 그러한가. 딱히 짚어내지 못하는 가슴 아릿한 모호함, 명확히 말해 버리면 뭔가 헛헛하므로 끝 한 자락 더러 붙들고 싶어지는 그런 것에 일찌감치 눈이 가 있다. 이애현의 수필은 사람 사이를 이어 놓는 관계, 사람 사이를 흐르는 정, 사람 사이에서 만나고 떠나곤 하는 운명적인 것들로 미만하다.

그는 언어를 세공하는 데 상당히 품 들인다. 다양한 제재나 내용의 충실 또 사실 속의 의미부여 등 그만의 독특한 접근도 평가 받을 것이로되, 그의 밀도 높은 문장을 간과해서는 안된다. 그만큼 표현이 섬세하고 정교해 개성적인 문체를 획득하고 있다 해서 지나침이 없다. 정밀精密한 문장이 상층의 층위를 확보해 놓고 있다는 의미다.

거듭 이야기하거니와, 이애현은 본디 재능 있는 작가로

무엇보다 문리文理에 밝다. 문장을 끌고 가는 언어 운용의 묘를 꿰찼음은 동인들 혹은 그와 교유하는 이들 사이에 평이 나 있는 일이다.

8.

이제 이애현은 한 걸음 나아가 작품세계의 외연을 넓히면서, 사물의 표면에 닫혀 있던 시선을 그 내면으로 끌어당겨 심도 있게 탐지探知해 나아가리라 믿는다. 수필의 문학적 가치 실현은 사물의 표층이 아닌 본질에 닿을 때라야 가능하다. 이를테면 썰물 때가 돼야 누가 홀딱 벗은 채 헤엄치고 있었는지를 알 수 있는 법이다.

이애현 수필이 이렇게 가면 어떨까. '무릇 그런 연후, 말하지 못하거든 침묵해야 한다. 말과 말 사이 침묵의 행간도 결국은 말이다. 침묵하면서 무엇인가 말할 수 있어야 한다.'

마지막으로 작가 이애현에게 하고 싶은 말이 있다. 이미 다작과 과작 사이에서 고민했을 것이지만, 수필을 조금만 더 열정적으로 썼으면 한다.

생각해 둔 비유가 있다. 빗대기만 하고 상세화하지 않겠다.

'발레리나와 발레리노는 고된 직업이다. 연습을 하루 쉬면 몸이 알고, 이틀 쉬면 선생님이 아시고, 사흘 쉬면 관객이 안다.'는 말이 있다. 프로 발레 예술가들은 하루도 연습을 쉬지 않는다. 몸으로 모든 걸 표현해야 하므로 그만큼 정직한 예술은 없다. 그런 생활이 몸에 익으면 연습을 게을리할 수가 없다. 10센티 가까운 칼힐을 신고 프레젠테이션하며 오래 서 있어야 하니, 다리가 많이 아프다.

이애현은 아직 허기지다. 영 채워지지 않을지도 모를 허기다. 그리고 목마르다. 조갈燥渴로 타는 목마름이다. 채우고 목축여야 한다. 그래서 그의 수필을 한마디로 함축하고 싶다. '목마름을 축이며 벌판을 걸어가는 맨발'.

머잖아 대표작 한 편 내놓을 것을 기대하며, 첫 수필집 『따뜻한 소실점』의 상재를 축하한다. 건필하기를.

이애현 수필집

따뜻한 소실점

인쇄 2017년 9월 20일
발행 2017년 9월 25일

지은이 이애현
발행인 서정환
펴낸곳 수필과비평사
주소 서울시 종로구 삼일대로 32길 36(익선동 30-6 운현신화타워 빌딩) 305호
전화 (02) 3675-3885 (063) 275-4000 · 0484
팩스 (063) 274-3131
이메일 shina2347@naver.com essay321@hanmail.net
출판등록 제300-2013-133호
인쇄 · 제본 신아출판사

ISBN 979-11-5933-114-5 03810

값 13,000원

이 도서의 국립중앙도서관 출판시도서목록(CIP)은 서지정보유통지원시스템 홈페이지(http://seoji.nl.go.kr)와 국가자료공동목록시스템(http://www.nl.go.kr/kolisnet)에서 이용하실 수 있습니다.(CIP제어번호: CIP2017023083)

Printed in KOREA

Jeju 제주특별자치도 JFAC 제주문화예술재단의 지원금을 받아 제작하였습니다.